Autorenbücher 41

Die bisher erschienenen Bände:

1 Heinz F. Schafroth: Günter Eich
2 Hans Wagener: Siegfried Lenz
3 Jan Knopf: Friedrich Dürrenmatt
4 Alexander Stephan: Christa Wolf
5 Rainer Taëni: Rolf Hochhuth
6 Peter Schünemann: Gottfried Benn
7 Bernhard Sorg: Thomas Bernhard
8 Rainer Nägele/Renate Voris: Peter Handke
9 Klaus Sauer: Anna Seghers
10 Rolf-Peter Carl: Franz Xaver Kroetz
11 Heinz Puknus: Wolfgang Hildesheimer
12 Jochen Vogt: Heinrich Böll
13 Franz Schonauer: Max von der Grün
14 U. Hahn/M. Töteberg: Günter Wallraff
15 Wolfgang Proß: Arno Schmidt
16 Ehrhard Bahr: Nelly Sachs
17 Hanspeter Brode: Günter Grass
18 Anthony Waine: Martin Walser
19 Rainer Lewandowski: Alexander Kluge
20 Manfred Lauffs: Walter Jens
21 Heinrich Vormweg: Peter Weiss
22 Wolfgang von Wangenheim: Hubert Fichte
23 Erhard Schütz: Alfred Andersch
24 Roland Links: Alfred Döblin
25 Georg Wieghaus: Heiner Müller
26 Helmuth Kiesel: Erich Kästner
27 Joseph Kraus: Hans Erich Nossack
28 Reinhard K. Zachau: Stefan Heym
29 Hans Helmreich: Dieter Wellershoff
30 Günter Häntzschel u. a.: Gabriele Wohmann
31 Jay Rosellini: Volker Braun
32 P. Bekes/M. Bielefeld: Peter Rühmkorf
33 B. Dücker: Peter Härtling
34 H. Wagener: Carl Zuckmayer
35 W. Koepke: Lion Feuchtwanger
36 B. P. Grenville: Kurt Tucholsky
37 Alexander Stephan: Max Frisch
38 Edgar Piel: Elias Canetti
39 Manfred Dierks: Walter Kempowski
40 Elsbeth Pulver: Marie Luise Kaschnitz
41 Siegfried Mews: Ulrich Plenzdorf

Die Reihe wird fortgesetzt

Über den Verfasser

Siegfried Mews, geboren 1933, studierte in Halle, Hamburg und Illinois Geschichte, Englisch und Vergleichende Literaturwissenschaft. Er ist Professor für Deutsch an der Universität Chapel Hill/North Carolina. Sein Hauptarbeitsgebiet ist die Literatur des 19. und 20. Jahrhunderts, insbesondere die Exil- und Nachkriegsliteratur.

Siegfried Mews

Ulrich Plenzdorf

Verlag C. H. Beck
Verlag edition text + kritik

Die ‚Autorenbücher' sind eine Gemeinschaftsproduktion
der Verlage C. H. Beck und edition text + kritik

CIP-Kurztitelaufnahme der Deutschen Bibliothek

Mews, Siegfried:
Ulrich Plenzdorf/Siegfried Mews. – München, Beck;
München: Verlag Edition Text u. Kritik, 1984.
 (Autorenbücher; 41)
 ISBN 3 406 30146 0
NE: GT

ISBN 3 406 30146 0

Umschlagentwurf: Dieter Vollendorf, München
Foto: Isolde Ohlbaum, München
© C. H. Beck'sche Verlagsbuchhandlung (Oscar Beck), München 1984
Gesamtherstellung: C. H. Beck'sche Buchdruckerei, Nördlingen
Printed in Germany

Inhalt

I. Biographie und kulturpolitischer Kontext 7

II. Das Werk 21
   1. Karla 21
   2. Die neuen Leiden des jungen W. 34
   3. Kein runter kein fern 64
   4. Die Legende von Paul & Paula 71
   5. Der alte Mann, das Pferd, die Straße 84
   6. Buridans Esel 90
   7. Legende vom Glück ohne Ende 99
   8. Gutenachtgeschichte 113

III. Anmerkungen 119

IV. Auswahlbibliographie und Abkürzungsverzeichnis . . 129

V. Zeittafel zu Leben und Werk 133

I. Biographie und kulturpolitischer Kontext

Über die Biographie des 1972/1973 durch Stück und Prosafassungen der ‚Neuen Leiden des jungen W.' zu plötzlichem Ruhm gelangten Ulrich Plenzdorf ist relativ wenig bekannt. Der in Berlin lebende, sich als Berliner betrachtende und mit Berliner Mutterwitz begabte DEFA-Szenarist hatte sich, so formulierte ‚Der Spiegel', ,,mit einem Schlag an die Spitze der deutsch-demokratischen Literatur geschrieben."[1] Noch 1973 konnte Plenzdorf seinen Erfolg mit dem Drehbuch zu dem Film ‚Die Legende von Paul & Paula', der als einer der wenigen DEFA-Filme ein Massenpublikum erreichte, zementieren. Obwohl die Diskussion über den Film weder die Brisanz noch das Ausmaß der Debatte über die ‚Neuen Leiden' erreichte, mußte man sich von offizieller Seite wegen der außerordentlich großen Publikumsresonanz mit der verfilmten Legende auseinandersetzen.

Das Szenarium über Paul und Paula lieferte das Motto, das über dem gesamten veröffentlichten Werk Plenzdorfs stehen könnte und das einen wesentlichen Hinweis auf seine Popularität bietet. In einem ‚Spiegel'-Interview paraphrasierte der Autor einen Satz aus der ‚Legende von Paul & Paula': ,,Es ist für mich gar keine Frage, daß die Wirklichkeit nach ihrer Deckung mit den Idealen immer wieder befragt werden muß."[2] Es ist kaum notwendig hinzuzufügen, daß die DDR-Wirklichkeit und die Ideale des Sozialismus/Kommunismus gemeint sind. Durch das Gestalten der Diskrepanz zwischen Anspruch und Realität artikuliert Plenzdorf, als verständnisvoller Vater mit den Problemen Heranwachsender vertraut, vor allem das Lebensgefühl einer skeptischen jungen Generation, ,,die von ihren Sehnsüchten, ... ihren Problemen und Zweifeln" sprechen will.[3]

Von Plenzdorfs Biographie her gesehen, ist die von ihm nicht bewußt gesuchte Rolle eines der Opposition verdächtigen Sprechers der nichtangepaßten Jugend – der Autor hatte sich den Erfolg der ‚Neuen Leiden' ,,nicht ausgerechnet und nicht träumen lassen"[4] – nicht unbedingt folgerichtig. Der 1934 im Berliner Arbeiterviertel Kreuzberg geborene, aus kommunistischer Familie stammende Plenzdorf – Vater und Mutter waren während des III. Reiches inhaftiert – hat bekannt, ,,von Biographie und Tradition her rot bis auf die Knochen" zu sein.[5] Der weitere Werdegang Plenzdorfs – nach dem 1954 abgelegten Abitur studierte er Marxismus-Leninismus am Franz-Mehring-Institut in Leipzig – wies zunächst in die Richtung einer Funktionärskarriere; die Aussicht, zur privilegierten, weltanschaulich versierten Intelligenz zu gehören, gab Plenzdorf auf, als er eine mehrjährige Tätigkeit als Bühnenarbeiter begann. Es ist nicht bekannt, aus welchen Motiven heraus Plenzdorf den recht ungewöhnlichen Wechsel vom Studium zur Handarbeit vollzog; sicher dürfte dieser Wechsel sein Bewußtsein für die existierenden Widersprüche zwischen theoretischem Ideal und praktischer Wirklichkeit geschärft haben.

Schwerwiegender für Plenzdorfs Entwicklung waren zweifellos die massiven Angriffe der SED auf die gesamte DDR-Filmindustrie gleich zu Beginn seiner Laufbahn als Filmszenarist, die er 1963 nach dem Studium an der Filmhochschule Babelsberg angetreten hatte. Obwohl Plenzdorf 1964 harmlos genug ,,im heiteren Genre"[6] mit dem Drehbuch für den Film ‚Mir nach, Canaillen!' (Regie: Ralf Kirsten) debütierte, fiel bereits sein zweites Szenarium ‚Karla', in dem er ernstlich nach der Deckungsgleichheit von Idealen und Wirklichkeit im schulischen Bereich zu fragen begonnen hatte, dem vom 11. Plenum des Zentralkomitees der SED im Dezember 1965 ausgehenden Bannfluch zum Opfer.[7]

Damit sah sich Plenzdorf mit dem Grundwiderspruch aller Kulturschaffenden in der DDR konfrontiert, nämlich ,,sich subjektiv interpretierend, kritisch reflektierend und nicht zuletzt: phantasievoll auseinanderzusetzen mit der Realität und damit per se von der offiziellen ‚objektiven', sich als wissenschaftlich deklarierenden Wirklichkeitsinterpretation abzuweichen, ja: abweichen zu müssen."[8] Aus diesem Widerspruch resultiert eine wesentliche Funktion der Literatur in der DDR, die die Literatur der Bundesrepublik in weit geringerem Maße besitzt: ,,Konflikte, Widersprüche, Vergessenes und Verdrängtes zu benennen, das für die offizielle Wirklichkeitsinterpretation wie in der sonstigen Öffentlichkeit nicht zugelassen, tabu ist."[9] Die der DDR-Literatur zugewachsene Funktion der Benennung von nach offiziellem Wirklichkeitsverständnis nicht existierenden Konflikten führt zwangsläufig zu Kollisionen mit der jeweiligen kulturpolitischen Linie. Um die Schriftsteller bei der ideologischen Stange und die Abweichung vom vorgegebenen Interpretationsmodell der Wirklichkeit in Grenzen zu halten, hat die DDR einen ganzen Katalog von Maßnahmen entwickelt – vom Druck literarischer Werke in kleiner Auflage bis zur Ausbürgerung mißliebiger Schriftsteller. Obwohl die Machtverhältnisse in der DDR klar geregelt sind, sind die Schriftsteller und die von ihnen geschaffenen Werke nicht ausschließlich passive Rezipienten kulturpolitischer Edikte; Literatur wirkt durch Bewußtmachen und Bewußtseinsveränderung an der Definition dessen, was Kulturpolitik konstituiert, mit: Literatur ,,ist nicht mehr nur Zeuge des gesellschaftlich-geschichtlichen Prozesses, sondern auch *wirkender Faktor in ihm:* arbeitend im Bewußtsein ihrer Leser, arbeitend auch an den ihr durch Kulturpolitik äußerlich gesetzten Bedingungen ihrer Existenz."[10]

Sowohl für die restriktiven, von der jeweiligen kulturpolitischen Linie diktierten äußeren Entstehungsbedingungen von Literatur wie für den an bisher gültige Tabus rührenden Prozeß der Bewußtseinsbildung bietet Plenzdorfs Werk ein instruktives Beispiel. Dabei muß man von der durch die enorme Resonanz der Theaterversion und der beiden Prosafassungen der ‚Neuen Leiden' oft überdeckten Tatsache ausgehen, daß Plenzdorfs eigentliches ,,Genre" das Filmszenarium ist. Den acht bisher aufgeführten Filmen, für die Plenzdorf das Drehbuch schrieb, stehen acht veröffentlichte Texte gegenüber, die in den folgenden Kapiteln in der ungefähren Reihenfolge ihrer Entstehung besprochen werden; wegen des oft großen zeitlichen Abstandes zwischen Fertigstellung und Publikation der Texte bieten die Veröffentlichungsdaten keine gesicherte Grundlage für die Werkchronologie. Unveröffentlichte Filmszenarien bleiben weitgehend unberücksichtigt; eine scharfe Trennung zwischen Filmszenarien und anderen Texten läßt sich freilich wegen der von Plenzdorf praktizierten Mehrfachverwertung eines Stoffes nicht in jedem Fall durchführen.

Nur zwei Texte – die Erzählung ‚kein runter kein fern' und die ‚Gutenachtgeschichte' – stehen nicht in einem Zusammenhang mit dem Schaffen für den Film. Die ‚Neuen Leiden' entstanden als Szenarium; die ‚Legende vom Glück ohne Ende' ist eine Fortschreibung des Szenariums der ‚Legende von Paul & Paula'; das auf Günter de Bruyns Roman ‚Buridans Esel' basierende Bühnenstück gleichen Namens ist als Vorstufe des späteren Szenariums für den Film ‚Glück im Hinterhaus' zu betrachten. Gerade aber für den Film insgesamt gilt: ,,Gesellschaftliche Experimente ... finden dort nicht statt ... Die geschlossene Gesellschaft kann sich eine offene Dramaturgie nicht leisten, die gesellschaftliche Konflikte dem Publikum zur modellhaften Lösung überläßt. Ihre Strategie der (wenn notwendig: administrativen) Konfliktbewältigung durch Leugnung oder Unterdrückung setzt den Filmemachern Grenzen, die noch enger sind als die in Literatur, Theater oder Bildender Kunst."[11]

Wenn es in einer biographischen Notiz von 1977 über Plenzdorf heißt, ,,seit 1963 sieben Szenarien, davon fünf produziert",[12] dann bezeichnet diese lakonische Mitteilung eben jene den Filmemachern gesteckten engen Grenzen. Selbst Plenzdorfs häufiger Rückgriff auf bereits veröffentlichte literarische Vorlagen schützte ihn nicht immer vor dem Aufführungsverbot oder der Nichtaufnahme der Produktion – wie im Falle des auf einer Novelle des DDR-Autors Martin Stade beruhenden Szenariums ‚Der alte Mann, das Pferd, die Straße'. Das Verhältnis der für Produktion und Aufführung freigegebenen zu den mit Verboten belegten Filmen gibt nur eine Seite des komplexen Sachverhalts der Entstehungs- und Existenzbedingungen literarischer Werke in der DDR wieder. Die ständige Möglichkeit des Verbots leistet der Ausbildung eines Mechanismus der Selbstzensur Vorschub, der zu den Extremen der ,,Sklavensprache" einerseits und zum Schreiben für die Schublade andererseits führen kann. Jurek Becker hat in seinem Roman ‚Irreführung der Behörden' (1973) geschildert, wie solche freiwillige – in Beckers Roman freilich aus Karrieregründen unternommene – Anpassung eines für den Film schreibenden Autors verläuft. Nachdem der Schriftsteller Bienek einige seiner Geschichten wegen seiner Zurückweisung von Umänderungsvorschlägen nicht veröffentlichen konnte, verfaßt er schließlich ein belangloses Lustspiel, das verfilmt wird. Am Ende des Romans ist er dann so angepaßt, daß selbst seine linientreue Frau ihm Vorhaltungen macht und ihn fragt: ,,Ob du die Absicht hast mit deiner Arbeit die Zukunft zu erreichen. Schreibst du Überzeugungen auf, und zwar deine eigenen, oder richtest du dich nur nach Marktaussichten? Ist die Schreiberei für dich nichts anderes als ein Gefährt, um deine persönlichen Bedürfnisse zu befriedigen?"[13] In seiner Antwort bedient sich Bienek einer parteioffiziellen Argumentation: ,,Und wenn ich nun eingesehen hätte, daß ich mit meinen Zweifeln mehr Schaden als Nutzen anrichte? Wenn ich begriffen hätte, spät genug, daß wir in einer Welt leben, in der das Aussprechen von Bedenken von unseren Gegnern erbarmungslos ausgeschlachtet wird? Wenn ich finde, daß zuerst ein großes Stück anderer Arbeit getan werden muß, bevor man daran denken kann, lästigen Kleinkram an die große Glocke zu hängen?"[14] Aber natürlich weiß Bienek genau, daß ein Buch voller Zweifel ihm nur Unannehmlichkeiten bringen würde – daher seine freiwillige, gutbezahlte Anpassung.

Die Probleme, die Beckers fiktiver Protagonist durch totale Anpassung löst, haben durchaus ihre Entsprechung in der Wirklichkeit. Der wie sein Kollege Plenzdorf 1965 vom Verbot eines Films, für den er das Drehbuch geschrieben hatte, betroffene Wolfgang Kohlhaase (Jahrgang 1931) sprach erst 1979 vorsichtig andeutend und quasi stellvertretend für seine Generation von den Folgen des vom 11. Plenum des ZK der SED verhängten Aufführungsverbots für die künstlerisch-literarische Tätigkeit: „Zum ersten Mal saß ich damals, als es um unseren und andere Filme ging, in Diskussionen, aus denen ich voller Widerspruch und mit leerem Gefühl ging. Heute meine ich, daß eine aus komplexen Gründen erfolgte politische Standortbestimmung im Kostüm einer Kunstdiskussion auftrat. ... Es ist, für eine sensible Sache, mehr Maßstab verloren als gewonnen worden. Vor allem eine bestimmte Generation in den Künsten, zu der ich gehöre, geriet in Konflikte, die, wie mir scheint, nicht mehr in ein gemeinsames Verständnis gebracht worden sind. ... ich mußte die Möglichkeiten meines Schreibens, meiner poetischen Beziehung zur Realität, neu überlegen."[15]

Aus den bekannten Fakten von Plenzdorfs Biographie und aus seinen eigenen Äußerungen läßt sich schließen, daß sich das Verbot von ‚Karla' lähmend auf ihn auswirkte. Von 1964/1965 bis 1968/1969 – das letztere Datum bezeichnet den Zeitraum der Entstehung der ‚Neuen Leiden' in der Urfassung – entstanden keine neuen Werke. Die Urfassung selbst wurde nach wiederholten Zurückweisungen des Stoffes für die Schublade geschrieben. Das repressive kulturelle Klima der letzten Amtsjahre Walter Ulbrichts, der im Mai 1971 von der Funktion des Ersten Sekretärs der SED zurücktrat, war einer freieren Entwicklung der Literatur und der Künste, die sich am sozialistischen Realismus zu orientieren hatten, nicht förderlich. Im April 1965 verkündete Ulbricht: „Manche unserer Schriftsteller und Künstler glauben, daß die gesicherten Positionen des sozialistischen Realismus die Öffnung seiner Grenzen gegenüber dem Modernismus erlauben oder gar notwendig machen. Diese Künstler befinden sich in einem Irrtum. Das Neue kann niemals darin bestehen, die eroberten Positionen aufzugeben oder den sozialistischen Realismus mit dem Modernismus aussöhnen zu wollen."[16] Die Berufung auf den dehnbaren Begriff des sozialistischen Realismus, von dem bereits Anna Seghers

1948 gesagt hatte, daß er ,,bejahend und polemisch von Menschen erwähnt" werde, ,,die in Verlegenheit kommen, wenn man sie genau fragt, was das ist",[17] bot eine Handhabe, gegen alle unliebsamen Strömungen vorzugehen. Diese Aufgabe erledigte das erwähnte 11. Plenum des ZK der SED, das ,,in einem polemischen Rundumschlag mit allen für schädlich gehaltenen Tendenzen aufräumen wollte."[18] Zu den nach Ansicht der SED negativen Erscheinungen des Kulturlebens gehörten die den sozialistischen Alltag unverschönt darstellenden DEFA-Filme, die als westlich-dekadent verketzerte Beat-Musik und Wolf Biermann, der in seinem schon 1962 öffentlich vorgetragenen Gedicht ‚An die alten Genossen' den Generationsgegensatz zwischen den Machtpositionen innehabenden alten Genossen und den Jüngeren artikulierte: ,,*Die Gegenwart,* euch / Süßes Ziel all jener bittren Jahre / Ist mir der bittre Anfang nur, schreit / Nach Veränderung. Voll Ungeduld / Stürz ich mich in die Kämpfe der Klassen, die neueren, die / Wenn schon ein Feld von Leichen nicht / So doch ein wüstes Feld der Leiden schaffen."[19]

Etwa zehn Jahre nach dem 11. ZK-Plenum formulierte der Dramatiker Heiner Müller eindringlich, warum viele nach dem II. Weltkrieg geborene Schriftsteller und Künstler es schwierig fanden, sich mit dem ,,realen" Sozialismus in der DDR zu identifizieren: ,,Die Generation der heute Dreißigjährigen in der DDR hat den Sozialismus nicht als Hoffnung auf das Andere erfahren, sondern als deformierte Realität. Nicht das Drama des Zweiten Weltkriegs, sondern die Farce der Stellvertreterkriege (gegen Jazz und Lyrik, Haare und Bärte, Jeans und Beat, Ringelsocken und Guevara-Poster, Brecht und Dialektik). Nicht die wirklichen Klassenkämpfe, sondern ihr Pathos, durch die Zwänge der Leistungsgesellschaft zunehmend ausgehöhlt. Nicht die große Literatur des Sozialismus, sondern die Grimasse seiner Kulturpolitik: den verzweifelten Rückgriff unqualifizierter Funktionäre auf das 19. Jahrhundert, als der Gegner noch ‚gesund' war . . . ."[20] Obwohl Plenzdorf 1977, dem Jahr der scharfsinnigen Diagnose Müllers, bereits zur Generation der Vierzigjährigen zählte, gingen die „Stellvertreterkriege" der Ulbricht-Ära keineswegs spurlos an ihm vorüber. In den ‚Neuen Leiden' bekennt sich sein jugendlicher Protagonist Edgar Wibeau in einer von manchen Kulturfunktionären als Provokation aufgefaßten Weise zu Beat, Blue Jeans und langen Haaren. Ehe dieser Text jedoch erscheinen konnte, bedurfte es einer kulturpolitischen Kursänderung, für die der Rücktritt Ulbrichts und die Wahl Erich Honeckers zum Ersten Sekretär des ZK der SED eine wichtige Voraussetzung geschaffen hatten. Der VIII. Parteitag der SED vom Juni 1971 und die 4. Tagung des ZK vom Dezember 1971 gelten allgemein als eine Zäsur in der Kulturpolitik im Sinne einer stärkeren Liberalisierung, zu der sowohl internationale Faktoren – eine relative Erweiterung des Einflußbereichs der Sowjetunion, die Durchbrechung des Alleinvertretungsanspruchs der Bundesrepublik durch die diplomatische Anerkennung der DDR auch durch westliche Staaten – als auch die Veränderung des Verhältnisses der beiden deutschen Staaten zueinander beitrugen.[21] Einerseits erschien das westliche Gesellschaftsmodell infolge wirtschaftlicher Krisenerscheinungen für die DDR weniger attraktiv; andererseits führten die ökonomischen Schwierigkeiten der DDR zu einer stärkeren Berücksichtigung der Konsumbedürfnisse der Bevölkerung. Die „Lösung" der nationalen Frage dadurch, daß sie für die durch den Mauerbau vom 13. August 1961 abgeschottete DDR als nicht länger existent erklärt wurde, und die ideologische Kurskorrektur, die Ulbrichts Begriff der „sozialistischen Menschengemeinschaft" durch den der „nichtantagonistischen Klassengesellschaft" ersetzte, schufen die politisch-ideologische Grundlage für eine unverschönte literarische Auseinandersetzung mit der DDR-Wirklichkeit.

Auf der 4. ZK-Tagung fielen dann die oft zitierten (und auf verschiedene Weise deutbaren) Worte Erich Honeckers: „Wenn man von der festen Position des Sozialismus ausgeht, kann es meines Erachtens auf dem Gebiet von Kunst und Literatur keine Tabus geben. Das betrifft sowohl die Frage der inhaltlichen Gestaltung als auch des Stils – kurz gesagt: die

Fragen dessen, was man die künstlerische Meisterschaft nennt."[22] Daß wohl nur eine begrenzte Enttabuisierung gemeint war, geht zum Beispiel aus Kurt Hagers Rede über die Kulturpolitik der SED vom Juli 1972 hervor, in der er die „Prinzipien des sozialistisch-realistischen Kunstschaffens" wie folgt definierte: „*fester sozialistischer Standpunkt, Parteilichkeit und Volksverbundenheit – sind eine sichere Grundlage, um zunehmend die Spannweite aller schöpferischen Möglichkeiten in der Kunst des sozialistischen Realismus, um eine reiche Vielfalt der Themen, Inhalte, Stile und Gestaltungsweisen zu erschließen.*"[23] Im Grunde sind die hier genannten Kriterien weiterhin gültig und werden – in leicht variierter Form – immer wieder verwendet. In der Grußadresse des ZK der SED an den IX. Schriftstellerkongreß vom Mai 1983 werden die Bücher lobend erwähnt, die „sich durch Parteilichkeit, Volksverbundenheit und sozialistischen Ideengehalt auszeichnen und das Denken, Fühlen und Handeln der Werktätigen im Sinne der Ideale und Werte des Sozialismus zu beeinflussen vermögen."[24]

Festhalten am sozialistischen Realismus einerseits, „Vielfalt" künstlerischer Themen und Stile andererseits. Das Resultat war, daß bisher verpönte oder wenig beachtete Werke an die Öffentlichkeit gelangten. 1972 wurde Volker Brauns Stück ‚Die Kipper', in dem von der DDR als dem langweiligsten Land der Welt die Rede ist, nach sieben Jahren uraufgeführt; Christa Wolfs vier Jahre früher erschienener, die Ich-Problematik in einer komplexen Erzählstruktur behandelnder Roman ‚Nachdenken über Christa T.' erfuhr eine Neuauflage; Hermann Kants Roman ‚Das Impressum', der trotz seiner Tendenz zur Schlichtung von Widersprüchen zunächst nicht zur Veröffentlichung freigegeben worden war, konnte publiziert werden. Die stärkste Wirkung aber ging von dem Erscheinen der beiden Prosafassungen der ‚Neuen Leiden' und den Inszenierungen der Stückeversion aus, die, anders als sonst in der DDR üblich, eine von Lesern und Theaterbesuchern, und nicht von den offiziellen und halboffiziellen Medien ausgehende Diskussion in Gang brachten.

Allen drei Fassungen, die sich nicht wesentlich voneinander unterscheiden, ist gemeinsam, daß sie im Vergleich zur Urfassung die Grundfrage des Verhältnisses des Individuums zur Gesellschaft ambivalenter beantworten. Die ursprünglich als Filmszenarium konzipierte, erst 1982 erschienene Urfassung weist dagegen einen eindeutigeren Schluß auf. In der DDR wurde das Werk nicht verfilmt; die Beschränkung der potentiellen Wirkungsmöglichkeiten der ‚Neuen Leiden‘ durch das Massenmedium Film ist ein Indiz dafür, daß die Verbreitung problematischer Werke auch nach dem VIII. Parteitag nicht unkontrollierbare Ausmaße annehmen konnte.

Die Selbstbeschränkung Plenzdorfs bei der Umarbeitung der ‚Neuen Leiden‘ mutet – vor allem, da sie in einem komplexeren Werk resultierte – gering an im Vergleich zu seinen Konzessionen an ,,Ankunftsliteratur" und ,,Bitterfelder Weg". Das von Edgar Wibeau in der Romanfassung der ‚Neuen Leiden‘ implizite kritisierte Drehbuch zu dem 1971 uraufgeführten Film ‚Kennen Sie Urban?‘ (Regie: Ingrid Reschke) folgt dem Handlungsmuster der die Ankunft des Helden im Sozialismus, sein Akzeptieren des sozialistischen Alltags schildernden ,,Ankunftsliteratur". Der Film wurde ebenfalls in eine im Januar 1971 begonnene ,,Volksaussprache" unter dem Thema ‚Der Reichtum der Kultur – erwirb ihn, um ihn zu besitzen‘ einbezogen. In dieser Aussprache wurde die dem ,,Bitterfelder Weg" verpflichtete Frage gestellt: ,,Wie können Arbeiter auf kulturellem Gebiet Macht ausüben?"[25] Die nach der ersten Bitterfelder Konferenz benannte Bewegung sollte die Trennung von Kunst und Leben, Künstler und Arbeiter, professioneller Kunst und Volkskunst überwinden helfen. Doch das Konzept wurde bald verwässert, da das 1963 zur Rationalisierung und Modernisierung der Wirtschaft beschlossene ‚Neue Ökonomische System der Planung‘ den Schriftstellern die Darstellung von Leitern und Planern abverlangte, so daß die Trennung von Hand- und Kopfarbeitern – die etwa in Hermann Kants erwähntem Roman ‚Das Impressum‘ zur Apologie des Aufsteigens aus der Arbeiterklasse gerät[26] – wieder an Gewicht gewann. In Günter de Bruyns 1968 erschienenem, von Plenzdorf zweimal als literarische Vorlage benutzten Roman ‚Buridans Esel' spricht der Erzähler unter Anspielung auf die Namensgleichheit einer Randfigur mit Gerhart Hauptmanns Mutter Wolffen aus dem ‚Biberpelz' ironisch davon, daß es ,,nach all den Planer- und Leiterliteraturgestalten vielleicht eine Tat sein wird, die alte Waschfrau (die Wölffin war Putzfrau) wieder zu entdecken ...."[27]

,,Ankunftsliteratur" und ,,Bitterfelder Weg" verloren nach dem VIII. Parteitag praktisch jede Bedeutung; von einer ungehinderten, kontinuierlichen Entwicklung Plenzdorfs, von einem reibungslosen Übergang der literarischen Produktion in die Distribution und Rezeption konnte auch nach der den Freiraum für Literatur in der DDR erweiternden Diskussion um die ‚Neuen Leiden' nur beschränkt die Rede sein. Einerseits erhielt Plenzdorf 1973 mit dem Heinrich-Mann-Preis einen der angesehensten Literaturpreise der DDR; andererseits bedachte Erich Honecker auf dem 9. ZK-Plenum im Mai 1973 den Autor mit mildem Tadel für die literarische Zurschaustellung subjektiver Leiden; er ließ sich dann aber recht demonstrativ auf dem VII. Schriftstellerkongreß im November 1973 mit Plenzdorf zusammen photographieren. Das Bild erschien im ‚Neuen Deutschland' vom 16. 11. 1973. Kurt Hager hatte Honecker sekundiert, als er als den ,,Grundfehler einiger Werke der Literatur und Kunst" die Nichterfassung der engen ,,Wechselbeziehung zwischen dem einzelnen und der Gemeinschaft, dem Individuum und der sozialistischen Gesellschaft" anprangerte und sowohl Robinson Crusoe wie Holden Caulfield aus Salingers ‚Der Fänger im Roggen' – die beiden von Edgar Wibeau verehrten literarischen Figuren – als Persönlichkeitsideale ablehnte.[28] Es bot sich ein widersprüchliches Bild: Zum einen durchbrachen Plenzdorf und sein Regisseur Heiner Carow mit ihrem Film ‚Die Legende von Paul & Paula' die ,,magische Millionengrenze" und gaben zumindest einem DEFA-Produkt die dem Massenmedium Film abhanden gekommenen Massen zurück,[29] zum anderen wurde das Szenarium ‚Der alte Mann, das Pferd, die Straße' nicht verfilmt.

Die Ausbürgerung Wolf Biermanns, dem, während er sich auf einer Konzertreise in der Bundesrepublik befand, am 17. 11. 1976 die DDR-Staatsbürgerschaft entzogen wurde, markiert eine weitere Zäsur der DDR-Kulturpolitik. Plenzdorf, der sich mit anderen Kulturschaffenden mit den zwölf Erstunterzeichnern eines gegen die Ausbürgerung Biermanns protestierenden offenen Briefes noch am Tage der Ausbürgerung solidarisch erklärt hatte, blieb offenbar von einer substantiellen Einschränkung seiner Produktions- und Bewegungsfreiheit verschont. Jedenfalls schloß er sich nicht dem nach der Biermann-Ausbürgerung einsetzenden Exodus an, der zum permanenten oder temporären – aufgrund langfristiger Visa für westliche Länder – Exil von Reiner Kunze, Sarah Kirsch, Hans Joachim Schädlich, Jurek Becker, Rolf Schneider, Günter Kunert, Klaus Schlesinger und anderen führte. Plenzdorf wurde nicht als Delegierter zum VIII. Schriftstellerkongreß der DDR im Mai 1978 nominiert, auf dem der Präsident des Verbandes, Hermann Kant, die Schriftsteller, die die DDR verlassen hatten, pekuniärer Motive verdächtigte: ,,Wer aus sozialistischem Land nach Bestseller-Country verzieht, macht eine Rückwärtsbewegung, betreibt Zurücknahme, und er muß wissen: Er war schon einmal weiter. Er war schon einmal um eine historische Epoche weiter."[30] Wie weit Ideal und Wirklichkeit in der den historischen Fortschritt für sich reklamierenden DDR auseinanderklaffen können, zeigte Plenzdorf durch die Lesung der stilistisch virtuosen Erzählung ,kein runter kein fern' bei den ,Tagen der deutschsprachigen Literatur' in Klagenfurt im Juni 1978, wo ihm der Ingeborg-Bachmann-Preis verliehen wurde.
1979 erschien die ,Legende vom Glück ohne Ende' – ein Buch, das trotz seiner Kritik am DDR-Alltag und seiner Insistenz auf der Berechtigung des nichtangepaßten individuellen Glücksverlangens gelegentlich von offizieller Seite als hervorragendes Beispiel der Folgen liberaler Kulturpolitik gepriesen wurde. Von der anscheinend nur unter Verwendung märchen- und legendenhafter Elemente zu leistenden Integrierung des Ideals in die Wirklichkeit ist in der aufklärerisch-didaktischen

‚Gutenachtgeschichte', der bisher letzten veröffentlichten Arbeit Plenzdorfs, nicht viel zu spüren. Nicht mehr die Artikulation des elementaren Oppositionsbedürfnisses der Jugend steht im Vordergrund, sondern die Weckung des Widerspruchsgeistes.

Mit seinem Eintreten für die autonome Friedensbewegung der DDR in den letzten Jahren folgt Plenzdorf Überzeugungen, die in seinen Werken ihren literarischen Niederschlag gefunden haben. Schon in den ‚Neuen Leiden', in ‚kein runter kein fern' und in der ‚Legende vom Glück ohne Ende' werden Zweifel an dem mit der Notwendigkeit der Verteidigungsbereitschaft gegen das ,,imperialistische Lager" begründeten Militärwesen der DDR und ihrem eine Alibifunktion erfüllenden Feindbild geäußert. Jetzt gilt Plenzdorf als ,,Friedensfreund und Kultfigur der DDR-alternativen ‚Schwerter-zu-Pflugscharen'-Bewegung."[31] Auf diesen Ruf sind wohl die Schwierigkeiten mit ‚Insel der Schwäne' zurückzuführen, dem bisher letzten Film, für den Plenzdorf das Drehbuch schrieb und bei dem Herrmann Zschoche, ein häufiger Kollaborator Plenzdorfs, Regie führte.[32] Solche Schwierigkeiten sind gewiß nicht neu für Plenzdorf; aufgrund des als Folge des VIII. Parteitags gewandelten kulturpolitischen Klimas ist es schwer vorstellbar – obwohl nicht gänzlich ausgeschlossen –, daß eine erneute globale Repression auf künstlerisch-literarischem Gebiet erfolgen wird. Plenzdorf verhehlt seine Auffassungen weiterhin nicht; auf dem 2. Berliner Schriftstellertreffen in der Westberliner Akademie der Künste im April 1983 verwickelte er den linientreuen DDR-Schriftsteller Benito Wogatzki in einen Disput über die Ereignisse in Jena, wo eine Friedensdemonstration von Christen und Pazifisten von der Polizei gewaltsam aufgelöst worden war.[33]

Über das nonkonformistische, zu der offiziellen Linie in Widerspruch stehende persönliche Engagement einzelner Autoren hinaus gibt es den ständig zum Austrag drängenden Konflikt zwischen der Literatur und der mit ihrer Beaufsichtigung und Verwaltung beauftragten Kulturbürokratie. Das fundamentale Mißtrauen der Funktionäre gegenüber einer so schwer in Regeln zu pressenden Angelegenheit wie der Literatur läßt Volker Braun seinen Ratsvorsitzenden des Kreises K. in der ‚Unvollendeten Geschichte' gedanklich formulieren. Den Ratsvorsitzenden hatte „Literatur nie sonderlich ergriffen"; er hatte sie lediglich unter dem Gesichtspunkt „des Nutzens für die eigentliche Arbeit betrachtet", aber nicht gelesen, weil „die Literaten in unkonzentrierter Weise über alle möglichen Dinge schrieben, beinah so wie ihnen das einfiel, statt sich auf die wesentliche, aktuelle Frage zu einigen und lieber das *eine,* notwendige Buch zu verfassen als so unübersichtlich viele."[34] Solange sich das in der Wahl der Themen und Gestaltungsmittel ausdrückende subjektive Element nur über die Steuerungsmechanismen der materiellen Produktions-, Distributions- und, teilweise, Rezeptionsbedingungen in die gewünschte Richtung lenken läßt, sind weitere Konflikte zwischen der machtausübenden Bürokratie und der literarisch-künstlerischen Intelligenz vorprogrammiert.

II. Das Werk

1. ‚Karla'

Die große zeitliche Diskrepanz zwischen der Entstehung des Filmszenariums ‚Karla' (1964/1965) und seiner Erstveröffentlichung im Ostberliner Henschelverlag (1978)[35] weist auf die Schwierigkeiten literarischer Produktion in der DDR hin. Denn ohne die vom VIII. Parteitag der SED (1971) ausgehenden liberalisierenden Wirkungen auf dem Gebiet der Kulturpolitik wäre die Veröffentlichung und Aufführung der ‚Neuen Leiden des jungen W.' kaum denkbar gewesen, noch, im Gefolge davon, die verspätete Publikation von Plenzdorfs ,,Erstling" ‚Karla'. Dabei scheint es auf den ersten Blick, daß ‚Karla' nicht nur von der Thematik her harmloser, sondern auch in der Struktur konventioneller ist als etwa die Bühnenfassung der ‚Neuen Leiden'. Zwar behandelt ‚Karla' eine Konfliktsituation, durch die wie in den ‚Neuen Leiden' das Verhältnis des Individuums zur DDR-Gesellschaft kritisch beleuchtet wird, jedoch wird dieser Konflikt nicht völlig zum Austrag gebracht, da Plenzdorf mit einer Art offenen Schlusses für Entschärfung sorgt.

Die frischgebackene Lehrerin Karla kommt von der Berliner Universität an die ,,Schule einer kleinen Stadt zwischen Berlin und Ostsee," (K, 9)[36] wo sie mit ihrem sympathischen, aber etwas naiven Ehrlichkeitsfanatismus auf die Schulrealität stößt, in der der Direktor und die Schulrätin den Ton angeben. Mit ihrem bei der Universitätsabschlußfeier formulierten Programm: ,,Deshalb müssen wir vor allem lehren, wie man lernt. Wir müssen das Weiterdenken lehren," (K, 9) findet sie beim Direktor wenig Gegenliebe. Er drängt auf die strikte Einhaltung des nur durch stures Pauken zu bewältigenden Lehrplans und empfiehlt die vereinfachende Darstellung komplizierter Sachverhalte, um die Gefahr ideologischer Verunsicherung bei den Schülern zu verhindern. Damit nimmt der Direktor die Haltung eines der politischen Urteilsfähigkeit seiner Schützlinge mißtrauenden Funktionärs ein. Im Gegensatz zu Karla vermittelt der Direktor keine Anstöße zu kritischem Denken; vielmehr bietet er simplifizierende Parolen im Unterricht, etwa bei der ,,richtigen" Einordnung Fontanes, der bei ihm als ,,linker Flügelmann" unter den ,,kritischen Realisten" (K, 37) fungiert, nach dem in der DDR herrschenden Literaturverständnis also trotz seiner Befangenheit in bürgerlichen Klassenvorurteilen ein progressiver Schriftsteller ist. Wohin übrigens die Gegenüberstellung von ,,kritischem Realismus" und ,,sozialistischem Realismus" führen kann, merkte Brecht 1953 an, der notierte, daß man durch die Konstruktion eines solchen Gegensatzes den ,,sozialistischen Realismus" zu einem ,,unkritischen Realismus" stempele.[37]

Karla gegenüber erklärt der Direktor in diesem Zusammenhang: ,,Soviel weiß ich doch auch, daß Fontane als junger Kerl deutschnational war! Aber der junge und der alte Fontane – das ist doch eine komplizierte dialektische Einheit und so weiter. So was kannst du doch den Grünschnäbeln nicht anbieten. Das muß sie doch politisch verwirren! Sie haben doch keine Ahnung davon." (K, 39) Plenzdorf legt dem Direktor Worte in den Mund, die recht genau der auf dem 11. Plenum des Zentralkomitees der SED im Dezember 1965 vertretenen offiziellen Linie gegenüber den Künstlern, die auch die Fehler und Mängel der DDR-Gesellschaft darstellen wollten, entsprechen. Karla vertritt andererseits die Position der Künstler und Intellektuellen, die annahmen, ,,man könne ... dem Publikum das Denken über die Lösung der ... gezeigten Widersprüche und Konflikte überlassen."[38] Diese Annahme, so bemerkte der damalige Stellvertreter des Ministers für Kultur und Leiter der Hauptverwaltung Film Günter Witt nach den massiven Angriffen der SED auf gegenwartsnahe, ohne Schönfärberei gedrehte DEFA-Filme selbstkritisch, habe sich als ,,Fehlschluß" erwiesen.[39]

Wenn Plenzdorf Karla für eine Erziehung der Schüler zum selbständigen Denken plädieren läßt, so mußte er sich, wie er anhand der recht typischen Reaktion des Direktors zeigt, völlig im klaren darüber sein, daß solche Erziehungsziele von offizieller Seite nicht gebilligt werden konnten. Daß die Erziehung der Jugendlichen zur Systemkonformität von DDR-Schriftstellern weiterhin als Problem empfunden wird, zeigt beispielsweise der jetzt in Westberlin lebende Jurek Becker in seinen ‚Schlaflosen Tagen' (1978). In diesem Roman, der nicht in der DDR erscheinen konnte, versucht der freilich bereits sechsunddreißigjährige Lehrer Simrock nach einem ihn aus seiner Routine aufschreckenden beunruhigenden Erlebnis unter Zuhilfenahme von Brechts Gedicht ‚Lob des Zweifels', seine Schüler zu einer kritischen Haltung anzuregen.[40] Simrock geht allmählich auf, wie wenig Spielraum ihm zur Entfaltung seiner Lehrerpersönlichkeit, die er als Voraussetzung für das Heranwachsen der Kinder ,,zu eigenwilligen Wesen"[41] betrachtet, eingeräumt wird: ,,Er glaubte zu durchschauen, daß die Lehrpläne nicht etwa deshalb so vollgestopft waren, weil die Verantwortlichen alles für unentbehrlich hielten. Er dachte: Der Ballast in den Plänen ist absichtlich dort und genau kalkuliert. Er soll genau das verhindern, was mir so wichtig wäre: daß Lehrer Zeit finden, Kinder auch nach ihren eigenen Vorstellungen zu unterrichten und zu erziehen. ... Seiner Lehrerpersönlichkeit werde ganz schön mißtraut; sie werde als unberechenbares Risiko angesehen, und darum habe man Umstände geschaffen, die sie nicht zur Entfaltung kommen ließen."[42]

Allerdings handelt es sich bei Jurek Beckers Lehrerfigur um einen aufgeklärten, nicht angepaßten Lehrer. Typischer dürfte die von Edgar Wibeau in den ‚Neuen Leiden' aus der Schüler- und Lehrlingsperspektive beschriebene Erwartungshaltung der Lehrer sein: ,,Ich meine, jeder Lehrer ist doch zufrieden, wenn er einen Text hört, den er aus dem Buch kennt. ... Brauchte er nicht nachzuprüfen, ob alles stimmte, wie bei eigenen Worten. Und alle waren zufrieden." (NL/R, 56) Der nach vorgegebenen autoritären Mustern verlaufende Unterricht ist auch an anderer Stelle Angriffsziel Edgar Wibeaus. Nach dem Pflichtbesuch eines Films äußert er sich wie folgt: „Erst sagten alle anwesenden Lehrer und Ausbilder, was wir daraus zu lernen haben, und dann sagten wir, was wir daraus gelernt hätten." (NL/R, 42)

Die harte und unnachgiebige Haltung, die die Parteiführung auf dem 11. Plenum gegenüber kritischen Filmemachern vertrat, führte zur Vernichtung einer ganzen Jahresproduktion der DEFA und Aufgabe einer Anzahl von Projekten, unter denen sich auch das Filmszenarium ‚Karla' von Plenzdorf und dem als Mitarbeiter genannten Regisseur Herrmann Zschoche – Zschoche und Plenzdorf arbeiteten wie gesagt mehrfach als Team – befand. Im Gegensatz zu der harten Haltung der wirklichen Funktionäre und den opportunistisch-systemgläubigen Behörden, mit denen sich Jurek Beckers Lehrer Simrock auseinandersetzen muß, verleiht Plenzdorf seinem Direktor ein gewisses Maß an Flexibilität. Überdies läßt er ihn fast sympathisch erscheinen, wenn er zur Erklärung der Spannungen zwischen Karla und ihrem Vorgesetzten den Generationsgegensatz heranzieht. Eine Kollegin klärt die Junglehrerin ungehalten über den Unterschied zwischen der Gründergeneration und Karlas Altersgenossen, die in den ungestörten Genuß der Bildungsprivilegien in der DDR gekommen waren, auf: „Der Mann kommt aus dem Krieg und direkt in die Schule und hat doch keine Ahnung davon, aber er schafft es. Mit vierzig, fünfzig Jahren! Und die Universität von innen hat er bestimmt nie gesehen. Und während er rackert und schuftet, kommt ihr gar nicht wieder raus aus der Universität ... und wenn ihr dann soweit seid, gebt ihr ihm eine Chance! Ich weiß nicht, was das ist, entschuldige ... aber so geht es doch nicht. Er ist immerhin 14 Jahre Direktor ein und derselben Schule. Das finde nochmal bei uns. ... " (K, 55)[43]

Der Direktor ist mithin kein bloßer Apparatschik; er verkörpert den Typ des Funktionärs, der durchaus seine menschlichen Seiten hat. Seine ironisch-kritische Selbsteinschätzung gegenüber Karla als „Uralt-Kommunist, der's noch immer mit'm

Klassenkampf hat," (K, 53) oder als „Dogmatiker vom Dienst" (K, 107) weist ihn als einen Mann aus, der nicht nur auf seine Autorität pocht; er bringt den Problemen seiner jüngeren Kollegin viel Verständnis entgegen. Jedoch ist der Direktor nicht uneingeschränkt als Held des sozialistischen Aufbaus zu betrachten – das geht zum Beispiel aus seiner bereits erwähnten einseitigen Beurteilung Fontanes hervor. Geradezu parodistisch mutet des Direktors oberflächliche Ideologisierung naturwissenschaftlich-technischer Probleme an, als er die Erfolge der sowjetischen Kosmonauten – wir befinden uns in der Periode des durch die erfolgreichen Flüge der Sputniks (1957) ausgelösten Raumfahrtwettrennens; die Landung der Amerikaner auf dem Mond (1968) steht kurz bevor – seiner Klasse wie folgt erklärt: „Was ich jedoch mit all dem sagen wollte, ist, daß der Treibstoff der sowjetischen Raketen gewissermaßen ideologischer Natur ist. Er besteht in der Anwendung der Lehre des dialektischen Materialismus auf die Naturwissenschaften." (K, 44)

Die Reaktion der Klasse auf diese pseudowissenschaftliche Erklärung ist „stumm und gleichgültig", denn keiner der Schüler wagt dem mit dem ideologischen Holzhammer arbeitenden Direktor zu widersprechen. Andere Informationen, die sein einseitiges Weltbild korrigieren könnten, müssen für den Direktor notwendigerweise aus als „Feindsender" (K, 45) abqualifizierten Medien stammen. Daß die Beschränkung der Informationsfreiheit verbunden mit der Strafandrohung bei Verbotsmißachtung den Schülern im wesentlichen nur die Möglichkeit läßt, entweder zu naiv die Parteilinie nachbetenden Jasagern oder zu bewußten Heuchlern zu werden, nimmt der Direktor offensichtlich in Kauf.

Wohin solche Erziehung konkret führt, zeigt sich deutlich in der Vorbilddiskussion. Als ein Zeitungsreporter in die Schule kommt, um die Schüler nach ihren Vorbildern zu fragen, reagieren sie, von wenigen Ausnahmen abgesehen, auf erwartete Weise. Eine Schülerin nennt Dolores Ibarruri, die legendenumwobene „Passionaria", weil sie sich „mit großer Leidenschaft für die Sache der spanischen Arbeiterklasse" eingesetzt habe (K, 83). Da die spanische Kommunistin kaum als Verhaltensmodell für die Jugendlichen in der DDR in Frage kommt und auch schwerlich als Identifikationsfigur dienen kann, bleibt die ganze Diskussion im Angelernten und Abstrakten stecken. Karla bringt ihre Zweifel am Nutzen von bloßen Lippenbekenntnissen zum Ausdruck, als sie dem Direktor und dem Reporter gegenüber auf die voraussichtliche Reaktion der Schüler hinweist: ,,Natürlich nennen sie euch die Namen, die ihr hören wollt. Das wissen sie nur zu gut!" (K, 84) Edgar Wibeaus Kritik an den ständig geforderten Bekenntnissen zu großen Vorbildern ist drastisch: ,,Alle forzlang kommt doch einer und will hören, ob man ein Vorbild hat und welches, oder man muß in der Woche drei Aufsätze darüber schreiben." (NL/R, 15) Aus seiner subjektiven Sicht lehnt Edgar Wibeau alle Vorbilder überhaupt ab; einmal dachte er daran zu schreiben: ,,Mein größtes Vorbild ist Edgar Wibeau. Ich möchte so werden, wie er mal wird." (NL/R, 15)

Mit der Infragestellung eines vom Heroen- und Persönlichkeitskult abgeleiteten Vorbildkonzepts durch seine Figur Karla zeigt Plenzdorf eine gewisse Übereinstimmung mit der Position von Siegfried Lenz. In seinem Roman ‚Das Vorbild' (1973) kommen die drei Sachverständigen, die sich mit dem Abschnitt ‚Lebensbilder – Vorbilder' eines geplanten Lesebuchs beschäftigen, letzten Endes zu keinem Ergebnis, womit Lenz das Fehlen allgemeinverbindlicher, von allen Schichten der pluralistischen bundesrepublikanischen Gesellschaft akzeptierter Leitbilder konstatiert. Daß es sich bei der Skepsis der beiden Autoren gegenüber der Funktion von Vorbildern für die Jugend wohl eher um eine zufällige Übereinstimmung handelt, geht unter anderem aus der thematisch nicht relevanten, aber völlig eindeutigen Abgrenzung von der Bundesrepublik, zumindest auf dem pädagogischen Sektor, hervor. Denn die kritische Darstellung des Alltags an Karlas Schule hindert Plenzdorf nicht daran, seine Hauptfigur zustimmend das unbegründete Pauschalurteil einer Schülerin zitieren zu lassen: ,,Sie stellen auch den

Gegensatz zur Bundesrepublik fest, der wir im Schulwesen um Jahrzehnte voraus sind." (K, 102)

Es geht Plenzdorf also um die Darstellung einer DDR-internen Auseinandersetzung, bei der die pädagogischen Vorstellungen der Novizin Karla auf die des Direktors, eines erfahrenen Schulpraktikers, stoßen. Wie bekannt, ist der Direktor nicht ohne positive Züge; Plenzdorf tut aber noch ein übriges, um Recht und Unrecht gleichmäßig zu verteilen. Karla schießt nämlich in ihrem Ehrlichkeits- und Wahrheitseifer weit über das Ziel hinaus. Als sie den Direktor der faschistischen Vergangenheit verdächtigt, begeht sie ein schwerwiegendes Unrecht. Ihre Verdächtigung erweist sich insofern als grundlos, als das den Direktor in SA-Uniform zeigende Photo aus einer Nachkriegslaienspielaufführung der Szene ‚Das Kreidekreuz' aus Brechts ‚Furcht und Elend des Dritten Reiches' stammt. Da es im Verlauf dieser Affäre zu einer Hakenkreuzschmiererei in ihrer Klasse gekommen ist, wird eine Untersuchung gegen Karla eingeleitet. Sie läuft glimpflich ab, denn der Direktor und die Schulrätin entscheiden sich für die ,,gemäßigte Therapie" einer Bewährungsfrist (K, 74). Aber durch den gerade noch einmal abgewendeten Schaden – ihre drohende Strafversetzung – klug und vorsichtig geworden, scheint Karla jetzt die Worte der Schulrätin zu beherzigen: ,,Auch Ehrlichkeit muß einen Sinn haben. Fragen Sie sich immer, nützt es der Gesellschaft oder könnte es ihr schaden." (K, 23) Karla erkennt nun: ,,Ich muß genauer hinsehen, wenn ich etwas anfasse. Ich muß vorsichtig sein. Mit dem Kopf kann man nicht durch die Wand!" (K, 77) Ob hier eine bewußte literarische Anspielung vorliegt oder nicht, Karlas Verwendung der sprichwörtlichen Redensart, die auch von Brechts Mutter Courage in ihrem ‚Lied von der großen Kapitulation' benutzt wird,[44] signalisiert eindeutig Resignation und das Aufgeben der bisher von ihr vertretenen Prinzipien.

Doch als Karla nach einem halben Jahr für ihr systemkonformes Verhalten belobigt und mit einer Geldprämie ausgezeichnet wird, kommt sie sich vor ,,wie eine *ausgezeichnete* Leiche", die an „der Vorsicht und aus Angst, es könnte was passieren", gestorben ist (K, 90, 91). Ihre Erkenntnis verhilft Karla dazu, zumindest im Ansatz zu ihren früheren Idealen zurückzufinden. Bei der Rückgabe des letzten Klassenaufsatzes vor dem Abitur „entschließt sie sich, ihre Schüler durch Schocktherapie aus der bequemen, erfolgssicheren Pauk- und Aufsagedisziplin aufzustören."[45] Das Mittel dazu ist ihr Versuch, die Aufsätze nach dem vermutlichen Grad der Aufrichtigkeit ihrer Verfasser mit für die Schüler niederschmetternden Ergebnissen zu zensieren. Zufällig sind in dieser Stunde der Direktor, die Schulrätin und eine Delegation aus Berlin anwesend. Der Delegationsleiter gibt Karla ausdrücklich recht und ermuntert sie, die Schüler zur Meinungsbildung zu ermutigen und zur Urteilsfähigkeit zu erziehen: „Unsere Weltanschauung ist nicht dazu da, um das Bestehende zu verteidigen, sondern um es zu verbessern. ... Mut wird billiger, Verstand immer teurer!" (K, 105)

Mit diesem Segen von höchster Stelle wäre der Konflikt zwischen Karla und dem Direktor eigentlich zugunsten der ersteren entschieden. Plenzdorf begnügt sich aber nicht mit einem so eindeutigen und wohl auch viel zu optimistischen Schluß. Karla unternimmt eine nicht ganz zwingend motivierte nächtliche Autofahrt mit einem Schüler an die Ostsee, wodurch sie sich derartig kompromittiert, daß sie nun schließlich doch noch strafversetzt wird. Man kann Peter J. Brenner zustimmen, wenn er schreibt: „Durch dieses Abbiegen des Konflikts, das freilich etwas aufgesetzt wirkt, erhält die Geschichte ein offenes Ende. Die Frage bleibt unbeantwortet, ob die Repräsentanten der Gesellschaft oder Karla recht haben."[46]

Es fällt auf, daß Karla ihre Auseinandersetzung innerhalb des Systems führt; im Vergleich zu Plenzdorfs späteren Frauengestalten ist sie zweifellos „die sozial aktivste, gesellschaftlich exponierteste Figur."[47] Sie ist, selbst wenn sie ihre Vorstellungen nicht durchsetzen kann, Mitrepräsentantin des staatlichen Apparats. Die wirklichen und potentiellen Außenseiter dagegen finden sich unter den männlichen Figuren. Da ist zunächst einmal der ehemalige Journalist Kaspar, dem der Versuch, sich an der DDR-Wirklichkeit zu orientieren und darüber zu schreiben, nicht sehr gut bekommen ist. Aus Enttäuschung über die mangelnde Bereitschaft seiner Vorgesetzten, Mißstände anprangernde Artikel drucken zu lassen, ist er Hilfsarbeiter in einem holzverarbeitenden Betrieb geworden. Obwohl in der sich sozialistisch nennenden DDR offiziell keine antagonistischen, auf den Eigentumsverhältnissen an den Produktionsmitteln basierenden Klassenunterschiede existieren, sind sich Kaspar und Klara durchaus sozialer Abgrenzungen bewußt. Paradoxerweise ist es der Arbeiter, der im Arbeiter- und Bauernstaat relativ wenig gilt, wie Kaspar allerdings nicht ohne Ironie bemerkt: ,,Also schön, ich geb's zu. Es ist mir nicht besonders angenehm. Du als studierte Lehrerin und ich – 'n Handlanger auf 'm Abstellgleis!" (K, 30) Schärfer faßt diese Problematik Volker Braun in seiner ‚Unvollendeten Geschichte' (1975), in der die sich in der Ausbildung befindende Journalistin Karin wegen ihrer Verbindung mit einem unter politischem Verdacht stehenden jungen Mann zur ,,Bewährung" in die Produktion geschickt wird. Das Paradoxe dieser Situation geht ihr auf: ,,ZUR BEWÄHRUNG in die Produktion. Aber was für ein Denken, dem das als Strafe gilt?"[48] Bei Plenzdorf wird der soziale Gegensatz überspielt – eine Tendenz, die in der späteren Filmerzählung ‚Legende von Paul & Paula' verstärkt hervortritt. Karla beginnt mit Kaspar, der eigentlich ein deklassierter Intellektueller ist, sehr bald nach dem Kennenlernen eine intime Liebesbeziehung. Dieser Umstand veranlaßte einen DDR-Kritiker zu der tadelnden Bemerkung, daß Karla ,,erstaunlich frei in Sachen Erotik" sei.[49]

Es ist bezeichnend für Plenzdorfs zur Versöhnung der Gegensätze tendierende Grundkonzeption, daß Karla auch den leicht verbitterten und eskapistischen Neigungen wie dem Segeln frönenden Kaspar erzieherisch zu beeinflussen sucht. Das geschieht in ansatzweiser Vorwegnahme einer Technik, die dann in den ‚Neuen Leiden' voll entwickelt werden sollte. Bereits in ‚Karla' ist die Literatur in den Text des Filmskripts integriert; der hier verwendete Klassiker ist Schiller, an dem der Gegensatz zwischen Gefühl und Verstand exemplifiziert wird. Folgerichtig vertritt Karla einen emotional-engagierten Standpunkt, als ihr Kaspar vorhält, daß bei ihr „der Weg vom Denken zum Sagen ... geradezu beängstigend kurz" sei (K, 40). Sie antwortet ihm: „Das wäre traurig, wenn man mit der Zeit immer weniger sagt, was man denkt, weil man so vernünftig geworden ist." (K, 40) An dieser Stelle zitiert Kaspar die Abschiedsworte des Marquis Posa aus ‚Don Carlos' (IV/2): „ ... Sagen Sie/Ihm, daß er für die Träume seiner Jugend/Soll Achtung tragen, wenn er Mann sein wird,/Nicht öffnen soll dem tötenden Insekte/Gerühmter besserer Vernunft das Herz/ ... ." (K, 40) Diese Worte, die als Zustimmung Kaspars gedeutet werden könnten, werden von ihm als unverbindlicher Gemeinplatz betrachtet. Daß Kaspar Schiller hauptsächlich als Lieferant von Zitaten zur beliebigen Verwendung benutzt, geht auch aus seinem Gebrauch der sprichwörtlich gewordenen Redensart „Der kluge Mann baut vor" (K, 109) aus ‚Wilhelm Tell' (I/2) hervor. Die Zweckentfremdung Schillers durch den Skeptiker Kaspar wird von Karla dadurch überspielt, daß sie nun ihrerseits Schiller zur Rechtfertigung ihres Standpunktes zitiert. Den Anlaß dazu bietet wieder Kaspar, der ohne Quellenangabe aus einem Brief des jungen Schiller an seinen damaligen Freund, den Schriftsteller Ludwig Ferdinand Huber, vom 5. 10. 1785 zitiert.[50] Dieser im Vergleich zu den erwähnten Dramen relativ unbekannte Text soll also nicht, wie in den späteren ‚Neuen Leiden' zur Neubewertung oder neuen Sicht eines Klassikers führen, sondern lediglich die Haltung der Hauptfigur Karla, die somit einen recht gewichtigen Kronzeugen für sich ins Feld führen kann, rechtfertigen helfen. Das relativ lange Zitat beginnt: „Enthusiasmus und Ideale, mein Teuerster, sind unglaublich tief in meinen Augen gesunken." (K, 109) Nach dem Vorlesen der Schillerschen „Allegorie" von der Kugel, die vom Enthusiasmus in die Luft geschleudert werde, die aber unweigerlich zur Erde fallen müsse, endet Kaspar sein Zitat mit: „Alle steigen und ziehen nach dem Zenit empor, wie die Rakete, aber alle beschreiben diesen Bogen und fallen rückwärts zu der mütterlichen Erde." (K, 110) Die vermeintlich aus diesem Text hervorgehende pessimistische Absage an Ideale wird durch Karlas Vervollständigung des Zitats widerlegt, wodurch ihr Optimismus gerechtfertigt erscheint: „Enthusiasmus bleibe stets unsere treibende Gewalt, unsre Kugel soll wenigstens so kräftig von der Hand emporfliegen, daß der Bogen in den Wolken verschwinden und ihr Rückfall kaum mehr geglaubt werden soll." (K, 129)

Wie vorher ausgeführt, widerspricht der offene Schluß des Filmszenariums einer allzu optimistischen Auslegung, da sich Karla zwar gegenüber dem Direktor mit Hilfe der Berliner Delegation durchsetzen kann, aber dann ihren Sieg durch den leichtfertig-spontanen nächtlichen Ausflug mit dem Schüler verspielt. Auf privater Ebene allerdings billigt Plenzdorf Karla ein bescheidenes und unkonventionelles Glück zu. Der widerborstige Kaspar, den Karla unter Benutzung von Schillerzitaten zu einer positiveren Grundhaltung zu bringen versucht hatte, begleitet sie an ihren neuen Wirkungsort. Es bleibt völlig offen, ob Kaspar seine frühere Tätigkeit wieder aufzunehmen gedenkt – das käme einer Rehabilitierung gleich – oder weiterhin als nicht gesellschaftlich aktiver Hilfsarbeiter eine privatistische Randexistenz führen wird. Man kann zwar in der gemeinsamen Abreise Karlas und Kaspars, die ja für die Junglehrerin einen Neubeginn auf niedrigerer Stufe bedeutet, die Andeutung einer positiven Perspektive erblicken,[51] aber auch nicht mehr.

Eine jüngere Variante Kaspars ist Rudi Schimmelpfennig, jener Schüler, mit dem Karla den verhängnisvollen Autoausflug unternimmt. Der Direktor charakterisiert ihn knapp: „Klassensprecher ist er, dieser Apothekersprößling. Bürgerlich bis auf die Knochen. Aber intelligent. Soll zur Mathematik-Olympiade. Und gerissen, oje, oje." (K, 33) Wegen seiner bürgerlichen Herkunft und seiner durch formale Lippenbekenntnisse nur schlecht versteckten Provokationslust hängt er in der Schule „an einem seidenen Fädchen." (K, 33) Er ist also als nicht völlig Angepaßter ein potentieller Außenseiter. Die unpathetische Abschiedsszene zwischen Rudi und Karla enthüllt, daß Plenzdorf Rudi gute Überlebenschancen in der Schule zubilligt. Die Realität der Jahre 1964/1965 sah wohl etwas anders aus; die Verfasser des Filmskripts für den Film ‚Denk bloß nicht, ich heule' (Regie: Frank Vogel), der die Geschichte eines von der Schule gewiesenen achtzehnjährigen Oberschülers erzählt, beriefen sich zu ihrer Verteidigung gegen Angriffe durch die SED ausdrücklich auf ihre Kenntnis der Situation Jugendlicher.[52] Im Fall Schimmelpfennig deutet Plenzdorf ein Problem eher an, als daß er es in allen seinen möglichen Konsequenzen gestaltet. Wie bekannt, wurde diese Zurückhaltung in Form einer relativ milden Kritik durch die Behörden nicht honoriert; der Film ‚Karla' durfte nicht gezeigt werden.

Über den Grad von Plenzdorfs Gesellschaftskritik läßt sich streiten, nicht dagegen darüber, daß trotz offenen Schlusses und anderer Harmonisierungstendenzen eine kritische Absicht spürbar ist. Sie zeigt sich bereits in der den respektlos-schnoddrigen Ton der ‚Neuen Leiden' vorwegnehmenden kurzen Eingangsszene. Während „eine Magnifizenz" eine offizielle Rede hält, deren Wortlaut wahrscheinlich als bis zum Überdruß bekannt vorausgesetzt und daher nicht der Mitteilung wert befunden wird, kommentiert eine Berliner Kehrfrau aus proletarischer Sicht: „Quatscht euch langsam aus. Unsereens will ooch ma fertich wern." (K, 7) Schwerer ins Gewicht als diese treffende Kurzszene fällt die unverfälschte Schilderung des Schulalltags, die strenggenommen nicht dem aus dem Programm der SED von 1963 abgeleiteten gesellschaftlichen Auftrag der positiven Bewertung des Lehrers durch die Literatur entspricht. In diesem Programm wurde der Lehrer „als der wichtigste Helfer der Werktätigen bei der sozialistischen Erziehung der jungen Generation bezeichnet".[53] Nun läßt sich von dem Direktor kaum behaupten, daß er im Sinne „des Aufbaus des entwickelten gesellschaftlichen Systems des Sozialismus ... die Entwicklung und Heranbildung des allseitig – geistig, moralisch, körperlich – entwickelten Menschen" vorantreibe.[54] Mit dem einfachen Schema des kritischen Bildes der Schule in der Literatur vorsozialistischer Zeiten, die die „Verkehrung ihrer menschenbildenden Funktion im reaktionären Machtapparat" anprangerte,[55] ist es mithin nicht getan.

Gewiß sind kritische Darstellungen der Schule in der deutschen Literatur spätestens seit dem ausgehenden neunzehnten Jahrhundert keine Seltenheit. Während etwa Frank Wedekind in ‚Frühlingserwachen' (1891) oder Heinrich Mann in ‚Professor Unrat' (1905) die Schüler gegen die von den karikaturistisch überzeichneten Lehrerfiguren repräsentierten patriarchalisch-autoritären Sozialstrukturen in Familie und Gesellschaft ohne Aussicht auf Erfolg opponieren lassen, geht Plenzdorf trotz der im Parteiprogramm nicht vorgesehenen Kritik am sozialistischen Bildungssystem von der Möglichkeit einer Konfliktlösung aus. Die Konfrontation findet bei Plenzdorf nicht eigentlich zwischen Lehrern und Schülern statt, sondern auf der Lehrerebene, wobei Karla als wahre Interessenvertreterin der Schüler gelten kann. Selbst im Lehrerkollegium hat Karla keine ausgesprochenen Feinde – abgesehen vielleicht von einem scharfmacherischen Kollegen mit dem sprechenden Namen Eifert. Sogar die höchsten Instanzen, die Berliner Delegierten, bestätigen Karlas Anschauungen, die sie einmal, über die Schüler sprechend, so formuliert: ,,Sie sollen eben nicht pauken. Sie sollen denken lernen. Darum geht's mir. Und um das Vertrauen. Das hat nämlich was mit Demokratie zu tun. Wenn ich das schaffe, verzichte ich auf meine ganze Autorität." (K, 53) Solche und ähnliche Äußerungen dienten noch Ende der siebziger Jahre einem DDR-Kritiker als Beweis für ,,das Temperament des Autors, seinen polemischen Ton und vor allem seinen aufklärerischen Impetus."[56] Kein Wunder dann, daß ‚Karla' während der ,,wilden Stimmung des 11. Plenums" von 1965 keine Chance hatte, vorgeführt zu werden.[57] Kein Wunder dann auch, daß man sich, wie es die DDR-Kritik in vorsichtig-verklausulierter Form immerhin tut, fragen muß, ,,ob der geringere gesellschaftliche Aktionsradius der späteren Figuren" Plenzdorfs nicht auf seine negativen Erfahrungen mit dem erst 1978 an die Öffentlichkeit gelangten Filmszenarium ‚Karla' und den ‚Neuen Leiden', deren

Veröffentlichung sich ebenfalls um einige Jahre verzögerte, zurückzuführen ist.[58]

2. ‚Die neuen Leiden des jungen W.'

Nach seinen Erfahrungen mit dem Filmszenarium ‚Karla' ist es verständlich, daß, wie Plenzdorf glaubte, ,,die ganze Sache ja ursprünglich für die Schublade geschrieben war."[59] ,,Die ganze Sache" waren die verschiedenen Fassungen der ‚Neuen Leiden', die schon im Titel eine bewußte Anspielung auf Goethes ‚Die Leiden des jungen Werther' enthielten und tatsächlich auf Plenzdorfs erneute Lektüre des Goetheschen Werkes um 1968 zurückgingen. Wahrscheinlich hatte eine Studentenbefragung im ‚Sonntag' vom 26. 11. 1967, in der es um die Aktualität der Wertherproblematik ging, den Anlaß für Plenzdorfs Neubeschäftigung mit dem ‚Werther' gegeben.[60] In den Antworten der Studenten spielte der Gedanke der Selbstverwirklichung der Persönlichkeit eine gewisse Rolle. Dieser Gedanke wurde von Plenzdorf auf eine konkrete zeitgenössische Situation angewendet, nämlich auf den ihm aus einem Zeitungsartikel im Gedächtnis gebliebenen Satz ,,des Sinnes, daß eine Brigade mit einem ihrer jungen Mitglieder nicht zurechtkam".[61] Hinzu kam für Plenzdorf ,,äußerer Druck" während mehrerer Jahre, in denen der Autor ,,nie ganz das machen konnte", was er wollte, ,,und ebenso wiederholte Zurückweisungen des Stoffes."[62] Somit war das Thema der Selbstverwirklichung ein dem Autor aus der Literatur, aus der DDR-Wirklichkeit und aus seinem eigenen Schaffen vertrautes Problem.

Aus dieser Situation der verhinderten künstlerischen Selbstverwirklichung erklärt sich wohl, daß die 1968/1969 vermeintlich für die Schublade geschriebene und erst kürzlich veröffentlichte ,,Urfassung" eine für DDR-Verhältnisse radikale Lösung bietet, indem sie dem die gesellschaftlichen Normen verletzenden Ausreißer und Außenseiter Edgar Wibeau die Durchsetzung seiner Ansprüche fast ohne Abstrich gestattet. Obwohl die späteren Fassungen der ‚Neuen Leiden' eine größere thematisch-strukturelle Komplexität aufweisen und deshalb gelungener sind als die Urfassung, dürfte ein Grund für ihre Freigabe für die Öffentlichkeit in ihrer ambivalenten, die Eindeutigkeit der Urfassung vermissen lassenden Gestaltung des Verhältnisses des Individuums zur Gesellschaft liegen. Jedenfalls konnte die Urfassung der ursprünglich als Filmszenarium geplanten ‚Neuen Leiden' nur mit erheblicher Verspätung in einem westdeutschen Verlag veröffentlicht werden. Bei den hier in Betracht kommenden veröffentlichten Fassungen handelt es sich um die im Frühjahr 1971 geschriebene und in der Akademie-Zeitschrift ‚Sinn und Form' abgedruckte (erste) Prosafassung, die am 18. 5. 1972 vom Landestheater Halle uraufgeführte Stückeversion, die in der Spielzeit 1972/1973 von vier DDR-Bühnen übernommen wurde, und die 1973 von Hinstorff in Rostock und Suhrkamp in Frankfurt am Main veröffentlichte ,,Romanfassung".[63] Die öffentliche Diskussion um die ‚Neuen Leiden' begann in Halle, wo der Regisseur Horst Schönemann die ,,gegenwärtige Brauchbarkeit" der im Mai 1972 abgeschlossenen Bühnenbearbeitung ,,in Vorgesprächen mit Jugendlichen und Wissenschaftlern getestet" hatte.[64] Weitere, öffentlich geführte Debatten folgten im 2. Juniheft 1972 des ‚Forum', des Organs des Zentralrats der FDJ, und im Märzheft 1973 der Zeitschrift ‚Neue Deutsche Literatur'. ‚Sinn und Form', die Zeitschrift, in der die Prosafassung erschienen war, begann im Januar 1973 eine sich über mehrere Nummern erstreckende ‚Diskussion um Plenzdorf', bei der ebenfalls Jugendliche zu Wort kamen. Im Aprilheft 1973 der Zeitschrift ‚Theater der Zeit' faßte Gabriele Herzog die Reaktion des Publikums auf die Hallenser Aufführung zusammen und konstatierte: ,,Dieses Stück ist tatsächlich Gesprächsstoff der Pausen, der Heimwege nach den Vorstellungen, der nächsten Tage und Wochen, ob in Werkkantine, Schulklasse oder Seminarraum."[65] Sie nannte auch den Grund für die außerordentliche Breitenwirkung der ‚Neuen Leiden': ,,Das Stück greift die Probleme der heutigen Jugend auf."[66] Gleichzeitig versuchte sie, Befürchtungen entgegenzutreten, daß das Stück provozierend wirken, ,,irgendwie schief ankommen" könne; solche Befürchtungen seien ,,ein Mißtrauensantrag an das ständig wachsende politische Bewußtsein und die Wirklichkeitserfahrung unseres Publikums."[67]

In der Tat fällt bei den ersten, zumeist von Jugendlichen stammenden Reaktionen ,,das fast völlige Fehlen politischer und vor allem ideologischer Kriterien in der Beurteilung des Stückes" auf.[68] In der offiziellen Diskussion in der DDR, die im wesentlichen in ‚Sinn und Form' geführt wurde, spielten dagegen ideologische und politische Momente sehr wohl eine Rolle; in etwas geringerem Maße läßt sich das von der gleichfalls 1973 einsetzenden westlichen Kritik sagen, die sowohl zu der Plenzdorf-Debatte in der DDR wie zur Veröffentlichung durch Suhrkamp und zu den ersten Aufführungen in Westberlin (8. 5. 1973) und München (21. 9. 1973) Stellung nahm.

Wenn im folgenden auch die in der Diskussion um die ‚Neuen Leiden' unberücksichtigt gebliebene Urfassung einbezogen wird, so geschieht das, um auf die Evolution eines Stoffes aufmerksam zu machen, die sich unter Bedingungen ,,äußeren Drucks" vollzog. Handlungsgerüst und Figurenkonstellation bleiben in den verschiedenen Fassungen weitgehend konstant. Der siebzehnjährige Musterknabe Edgar Wibeau, der auf die französische Aussprache seines Namens und seine Abstammung von den Hugenotten Wert legt, bricht nach einer Auseinandersetzung mit seinem Lehrausbilder seine Lehre ab und verläßt seine ihn dominierende Mutter, die eine wichtige Funktion in einem volkseigenen Betrieb einer uninteressanten, später Mittenberg genannten Kleinstadt bekleidet. Die Auseinandersetzung mit dem Lehrausbilder, dem Edgar in den späteren Fassungen eine Eisenplatte auf den Fuß wirft, ist eher Anlaß als Ursache seines Aus- und Aufbruchs nach Berlin. Nach dem Scheitern seiner Pläne, Kunstmaler zu werden, taucht er in einer zum Abriß bestimmten Laube unter. Dort findet er Goethes ‚Die Leiden des jungen Werther' auf dem Plumpsklo. Ohne zu wissen, um welches Buch es sich handelt, beginnt er sich nach dem Kennenlernen der Kindergärtnerin Charlotte (in den späteren Fassungen heißt sie Charlie) in sie zu verlieben und seinem Kumpel Willi nach dem Vorbild des an seinen Freund Wilhelm schreibenden Werther Tonbandaufzeichnungen mit Wertherzitaten zu senden. Nach dem Auftauchen von Charlies Verlobten Dieter, der dem Albert im ‚Werther' entspricht, kommt es zu einer vorübergehenden Trennung. Ihre letzte, klimaktische Begegnung resultiert in den späteren Fassungen in der endgültigen Trennung von Edgar und Charlie.

Die entscheidende Änderung gegenüber dem ‚Werther' findet sich am Schluß. Diese Änderung ist in der Urfassung besonders augenfällig, da das tragische Ende des ‚Werther' in ein Happy-End verkehrt wird. Edgar hat nicht wie Werther seinen Dienst quittiert; vielmehr ist er aus einer Anstreicherbrigade hinausgeworfen worden, da er sich nicht einfügen wollte. Die Brigade nimmt ihn aber wieder auf; Edgar benutzt jedoch seine Tätigkeit dort hauptsächlich als Deckmantel zur Fertigstellung eines nebellosen Farbspritzgeräts, dessen Entwicklung die Brigade wegen technischer Schwierigkeiten aufgegeben hatte. Als er in der Urfassung am Heiligabend das Gerät ausprobieren will, funktioniert es nicht.

Edgar, ganz unverbesserlicher Einzelgänger und Imitator Werthers, unternimmt einen Selbstmordversuch, der ironischerweise dazu führt, daß der Mechanismus des Geräts ausgelöst wird. Obwohl, wie in den folgenden Fassungen, eine Explosion erfolgt, wird Edgar lediglich verletzt; der Brigadeleiter und seine Leute können die Teile des zerstörten Geräts aus den Trümmern der Laube bergen und es rekonstruieren, worauf Edgar als großer Erfinder und Neuerer gefeiert wird. Die private Liebesbeziehung zu Charlie verliert angesichts der gesellschaftliche Anerkennung verheißenden Erfindung an Bedeutung; Charlie steht am Krankenbett Edgars herum und geht schließlich ab, als ob sie ,,nicht mehr gefragt" sei (NL/U, 136). Edgar kehrt wie ein Held nach verlustreicher, aber gewonnener Schlacht in seine Heimatstadt zurück, angehimmelt von Mädchen, bewundert vom Lehrausbilder, bedient von seiner ihm jeden Wunsch von den Augen ablesenden Mutter. In der letzten Szene heißt es: „Edgar fühlt sich wohl hier, besonders, wenn sich jemand nach ihm umsieht, obwohl ansonsten alles ein bißchen lütt ist." (NL/U, 138) In der Urfassung findet Edgar daher zweifellos „die gewünschte gesellschaftliche Anerkennung – die ihm bei seiner Malerei versagt blieb – und schafft sich damit ... die gewünschte individuelle Freiheit, ohne daß er dabei weiterhin mit den Ansprüchen der Gesellschaft kollidieren müßte."[69]

Die Traumszene der Urfassung, die dieses Happy-End vorwegnimmt, bietet einen Hinweis darauf, daß hier Wunschvorstellungen des Autors in bezug auf die Selbstverwirklichung des Individuums in einer straff organisierten Gesellschaft im Spiel sind. Wie im Märchen erfüllt sich dem Helden in der Wirklichkeit, was er vorher geträumt hat. Überhaupt ist der Edgar der Urfassung ein Hans im Glück, denn der von seiner Wertherlektüre inspirierte Selbstmordversuch, dem aber durch die Situationskomik die gesellschaftskritische Schärfe genommen wird, bringt ihm die Erfüllung seiner Wünsche. In der späteren Romanfassung heißt es dann in recht eindeutiger Wendung gegen den ‚Werther' und die inzwischen aufgegebene Position der Urfassung: „Ich meine, ich hätte nie im Leben freiwillig den Löffel abgegeben. Mich an den nächsten Haken gehängt oder was." (NL/R, 147)

Die in Edgars Unfalltod resultierende neue Konzeption der späteren Fassungen bedingt eine Änderung der Struktur und der Erzählperspektive, die an der geänderten Funktion der Vaterfigur sichtbar wird. In der Urfassung ist der Vater Randfigur; er erscheint nur in wenigen Szenen und hat keine Sprechrolle. Trotzdem verkörpert er den Typ des Außenseiters in fast noch größerem Maße als Edgar; ihn umgibt der Hauch des Abenteuerlichen und Exotischen: „An der leeren, grellen Felsenküste sitzt ein verwegen angezogener, vollbärtiger Mann. Er sitzt vor einer Staffelei, meditiert, hebt die Hand mit dem Pinsel nur sehr selten und auch nur sehr kurz. Ein glücklicher, bedürfnisloser Mann. Seine Gedanken sind heiter. Wahrscheinlich ist das Malen nur ein Vorwand für ihn." (NL/U, 77) Diese positive Schilderung eines Mannes, der in nichts den propagierten Leitbildern der sozialistischen Gesellschaft entspricht, kann als teilweise Legitimierung von Edgars unkonventionellem Verhalten und seinem angestrebten Künstlertum gelten. In den späteren Fassungen fehlt diese Legitimation. Die Hauptfunktion des Vaters ist jetzt, als Initiator des „Nachdenkens über Edgar W." zu dienen und neben der dominierenden monologischen Perspektive Edgars, der seinen Kommentar aus dem Jenseits gibt, die anderen Perspektiven der Figuren, die Edgar gekannt haben, einzubringen. Die Nachforschungen des Vaters sind durch Schuldgefühle motiviert, die er am deutlichsten in der Stückeversion artikuliert, wo er von seinem fast „asozialen" Verhalten gegenüber seiner Familie spricht (NL/S, 258). Von dem sorglos in die Welt hineinlebenden, die Malerei als Vorwand betreibenden Vater der Urfassung ist in den späteren Fassungen nichts mehr wahrzunehmen. Edgar sieht seinen Vater als von seiner Umwelt nicht geschätzten Künstler, „diesen Schlamper, der soff und der es ewig mit Weibern hatte. Der schwarze Mann von Mittenberg. Der mit seiner Malerei, die kein Mensch verstand, was natürlich allemal an der Malerei lag." (NL/R, 21) Doch als er seinen Vater in Berlin besucht, muß er feststellen, daß sein Vaterbild auf einem Irrtum beruht; der Vater ist kein Maler. Damit wird auch die Pose des „verkannten Genies" (NL/R, 49), in der sich Edgar gefällt, fragwürdig. Selbstkritisch äußert er sich dazu aus dem Jenseits: „Aber *Fakt* war, daß meine gesammelten Werke nicht die Bohne was taugten." (NL/R, 23) Die Annahme, daß Edgar den „Anstoß" zum Bau des Farbsprühgeräts nach dem Wiedersehen mit seinem Vater erhalten habe,[70] ist insofern plausibel, als dieses Wiedersehen ihn zwang, eine Wunschvorstellung aufzugeben. Die nicht länger haltbare Wunschvorstellung kompensiert er durch den Versuch, gesellschaftliche Anerkennung mittels einer technischen Erfindung zu erringen. In der Stückefassung kommt die Hinfälligkeit der vom angenommenen Künstlertum seines Vaters abgeleiteten Ambitionen Edgars noch stärker zum Ausdruck. In dieser Fassung spricht der Vater von einer „Legende", die er sich zur Erklärung des Verlassens seiner Familie zurechtgebastelt hatte: „Begabter Laienmaler, Bart, Cordanzug, verkümmert in der Provinz, muß raus da! Ich hab seitdem keinen Strich gemacht. Ich werd den Gedanken nicht los, Edgars Bilder haben damit zu tun . . . ." (NL/S, 254)

Das Künstlertum Edgars erweist sich als Sackgasse auf dem Weg der Selbstverwirklichung; von der zum Unfalltod Edgars führenden Erfindung läßt sich das nicht so eindeutig sagen, weil vor allem die von Plenzdorf für die späteren Fassungen gewählte Erzählperspektive der Ambivalenz Vorschub leistet. Dabei besteht ein offensichtlicher Zusammenhang zwischen dem an die filmische Rückblendetechnik erinnernden Kommentar Edgars aus dem Jenseits und seinem tödlichen Unfall; ohne letzteren wäre ersterer nicht denkbar. Nur handelt es sich um eine Verkennung der Sachlage, wenn man den Tod ausschließlich unter ästhetisch-literarischen Gesichtspunkten begreift: „Es gibt nur eine Notwendigkeit für das Sterben des Hauptakteurs ... Der Autor braucht eine interessante Erzählperspektive, die ihm der tote Held liefert. Das heißt also, der Autor ermordet seinen Helden, um über ihn erzählen zu können."[71] Gerade das Erzählen macht den Zuschauer oder Leser mit der Problematik des Lebens und Sterbens von Edgar W. bekannt und provoziert sein Nachdenken und seine Stellungnahme. Zur Ambivalenz des von Plenzdorf „bewußt auf Auslegbarkeit" geschriebenen Textes[72] trägt weiterhin bei, daß „die objektiv beschränkte Erinnerungsperspektive der Eltern und Arbeitskollegen mit dem subjektiv noch stärker begrenzten Jenseitskommentar des Helden ... kollidiert, ... daß auftretende Widersprüche den Leser zu selbständiger Deutung herausfordern".[73]

Edgars postume Äußerungen tendieren zur Kritik an seinem früheren Verhalten; seine zuweilen ironische Selbstkritik kann aber kaum als Bejahung einer öffentlichen Ritualhandlung verstanden werden: „Ich hatte was gegen Selbstkritik, ich meine: gegen öffentliche. Das ist irgendwie entwürdigend. Ich weiß nicht, ob mich einer versteht. Ich finde, man muß dem Menschen seinen Stolz lassen." (NL/R, 15) Dagegen findet der tote Edgar nichts dabei, sein mißlungenes Experiment als „Reinfall" zu bezeichnen (NL/R, 147), ein Urteil, das allerdings dem des Fachmanns Addi, des Leiters der Anstreicherbrigade, widerspricht. In der Prosafassung hebt er den gesellschaftlichen Nutzen der Erfindung des toten Edgar hervor: „Das ist kein gewöhnlicher Verbesserungsvorschlag mehr. Das ist ein glattes Patent." (NL/P, 310) Er zieht aus dem Unfall die Schlußfolgerung, daß sein Kollektiv mitschuldig an Edgars Tod ist: „Wir durften ihn einfach nicht allein murksen lassen." (NL/P, 310) In der Romanfassung ist dann nicht mehr von einem Patent die Rede. Addi formuliert vorsichtiger und deutet lediglich die Möglichkeit einer großen Entdeckung an: „Edgars Apparatur läßt mich nicht los. Ich werde das Gefühl nicht los, Edgar war da einer ganz sensationellen Sache auf der Spur, einer Sache, die einem nicht jeden Tag einfällt. Jedenfalls keine fixe Idee. Einwandfrei." (NL/R, 148) Mit dem verminderten Grad des zu erwartenden gesellschaftlichen Nutzens scheint auch Addis soziales Verantwortungsbewußtsein eine Intensitätseinbuße erlitten zu haben. Jetzt sagt er einschränkend: „Aber wir durften ihn *wohl* nicht allein murksen lassen." (NL/R, 147; meine Hervorhebung) Die während der Explosion vernichteten Bilder sind ein weiteres Anzeichen dafür, daß Edgar nichts hinterlassen hat, was zu einer postumen gesellschaftlichen Anerkennung führen könnte. Also scheitert Edgar auf der ganzen Linie, und seine von oben verordnete Erfolglosigkeit soll als abschreckendes Beispiel dienen. So sah es jedenfalls Karl Corino: „Seine Pläne, sein Modell lassen sich nicht mehr rekonstruieren; offenbar mußte das trotzige, einzelgängerische Erfindertum auf höheres Geheiß scheitern."[74]

Die Frage nach den Gründen für Edgars Tod erwies sich als das Problem, von dem her sich die Stellung des Individuums in der Gesellschaft definieren ließ. In der DDR versuchte Wilhelm Girnus den Tod Edgars einfach hinwegzuinterpretieren, wobei er sich einer bereits bekannten Argumentation bediente:

„... nicht Wibeau überhaupt ist gestorben, sondern *dieser* Wibeau in ihm ...."[75] Das Ausspielen des vermeintlich gebesserten toten Wibeau gegen den nichtangepaßten lebendigen wurde nicht von allen DDR-Kritikern mitvollzogen. Es gab ein breites Meinungsspektrum, das von der Behauptung, der Tod sei „letzte Konsequenz des Einzelgängertums",[76] bis zu der genau entgegengesetzten, für DDR-Verhältnisse erstaunlichen Ansicht reichte: „Wibeau stirbt an der Realität DDR."[77] Es fiel westlichen Rezensenten naturgemäß nicht schwer, sich letzterer Ansicht anzuschließen oder unabhängig davon zu ähnlichen Schlußfolgerungen zu gelangen; besonders Fritz J. Raddatz sieht im Tod Edgars ein „gültiges Ende dieses Aussteige-Versuchs aus der (sozialistischen) Gesellschaft" und „gesellschaftlichen Mord".[78] Für Marcel Reich-Ranicki dagegen steht Edgar in der Nähe der „traditionellen positiven Helden des sozialistischen Realismus", weil Plenzdorf „eine massive didaktische Schlußpointe" bereithalte, mittels derer er Edgar „zum Opfer seines Leichtsinns, seiner Querköpfigkeit und Einzelgängerei, seiner Unfähigkeit, sich einzureihen und unterzuordnen" mache.[79]

Angesichts der aus Textstruktur und Erzählperspektive resultierenden vielfältigen Interpretationsmöglichkeiten wird man der Intention des Autors am ehesten gerecht, wenn man seine Leistung im „Offenhalten, nicht im dogmatischen Statuieren von Möglichkeiten" erblickt.[80] Dieses Offenhalten empfahl sich schon durch Plenzdorfs Anpacken eines heißen Eisens, nämlich des Todes eines jungen Menschen. In der Literatur einer Gesellschaft, die vorgibt, alle Antagonismen überwunden zu haben, durfte der Tod als letztlich unlösbarer Grundwiderspruch des menschlichen Daseins nicht an zentraler Stelle gestaltet werden. Die Tabuisierung des Todes war bisher eigentlich nur von zwei Romanen, Erwin Strittmatters ‚Ole Bienkopp' (1963) und Christa Wolfs ‚Nachdenken über Christa T.' (1968) durchbrochen worden. Edgars Tod mußte deshalb besonders schockierend wirken, weil er ja keineswegs zum Außenseiter prädestiniert erschien, ganz im Gegenteil: „Der Sohn der Leiterin, bis dato der beste Lehrling, Durchschnitt eins Komma eins ... ." (NL/R, 9) Dann aber erfolgte der schließlich zum Tode führende Ausbruch, mit dessen Erklärung sich nicht nur die fiktionalen Erwachsenen in den ‚Neuen Leiden' schwertaten, sondern auch die DDR-Kritiker.

Es lag nahe, daß die Interpreten die Ursachen für Edgars Versagen in den Einflüssen westlich-dekadenter Haltungen und Vorstellungen suchten, die hauptsächlich aus der Jugendsubkultur- und Musikszene stammten. Damit war freilich noch keine Erklärung dafür gegeben, warum viele Jugendliche westlichen Einflüssen, die sich bei Edgar am eklatantesten in seiner beinahe an kultische Verehrung grenzenden Begeisterung für Blue Jeans zeigen, zugänglich waren. Blue Jeans, über die er einen Song mit einem rudimentären englischen Text geschrieben hat, bedeuten für Edgar fast alles: ,,Natürlich Jeans! Oder kann sich einer ein Leben ohne Jeans vorstellen? Jeans sind die edelsten Hosen der Welt. Dafür verzichte ich doch auf die ganzen synthetischen Lappen aus der Jumo, die ewig tiffig aussehen." (NL/R, 26) Versuche der DDR-Kritiker, die in der Urfassung noch nicht vorhandenen Jeans-Passagen als ,,pureste Ironie" zu bagatellisieren,[81] waren nicht sehr erfolgreich. Ein Teilnehmer der Diskussion über Plenzdorf mußte ,,erschreckt" feststellen, daß der Blue-Jeans-Song ,,im allgemeinen ernstgenommen" wurde.[82] Überdies hörte für manche die Ironie bei dem vielzitierten Satz Edgars auf: ,,Ich meine, Jeans sind eine Einstellung und keine Hosen." (NL/R, 27) Da fruchteten dann auch diskrete Hinweise auf den quasi-proletarischen Ursprung der Jeans als ,,praktische Arbeits- und nicht als Gammelhose" wenig.[83] Mit markigem Sprücheklopfen war dem Jeans-Phänomen ebenfalls nicht beizukommen: ,,Die Marxisten kämpfen nicht gegen Kleidungsstücke, sondern gegen den Imperialismus und gegen falsche Ansichten von der Wirklichkeit."[84] Edgars Jeans waren ja gerade zum Politikum geworden, weil sie sich nicht mehr als bloßes Kleidungsstück einstufen ließen, sondern eine Protesthaltung der Jugend gegenüber der Erwachsenenwelt signalisierten, deren literarische Äußerungen in Form der sogenannten „Jeans-Prosa" keineswegs auf die DDR beschränkt sind.

Die total in die Gesellschaft integrierten Erwachsenen – in Plenzdorfs Text trifft das besonders auf Edgars Mutter und den Lehrausbilder zu – waren immer mit dem Anspruch aufgetreten zu wissen, „was für uns gut ist, das ist auch für die Jugend gut, schließlich haben wir dieses Land mit den Fingernägeln aus dem Boden gekratzt."[85] Gegen solche Einvernahme durch die Erwachsenenwelt und ihre literarische Widerspiegelung in der sogenannten „Ankunftsliteratur" polemisiert Plenzdorf vor allem in einer in die Romanfassung eingeschobenen Passage. Die nach der Erzählung ‚Ankunft im Alltag' (1961) von Brigitte Reimann so benannte Literatur kann mit den Stichworten „Einordnung junger Menschen in eine Welt fortgeschrittener sozialistischer Praxis" und „Kampf um Produktionserweiterung im Sozialismus" umrissen werden.[86] Reimanns Erzählung schildert die Konfrontation von drei Abiturienten mit der alltäglichen Praxis, wobei ihre unrealistischen Erwartungen auf ein normales Maß herabgeschraubt werden, so daß sich am Ende alle gesellschaftlichen und privaten Konflikte lösen. „Die Diskussion der Produktivität von Eingliederung", die das „Zentrum der thematischen Orientierung" der „Ankunftsliteratur" bildet,[87] und der gesellschaftliche Integrationsprozeß verlaufen zufriedenstellend. Gegen solche Darstellungen relativ problemloser Anpassung setzt Plenzdorf nicht nur die Geschichte von Edgar Wibeau und des Mißlingens seiner Einordnung im allgemeinen, sondern die erwähnte, parodistisch anmutende Passage im besonderen.

Über einen obligatorischen Filmbesuch erzählt Edgar: „Es ging um so einen Typ, der aus dem Bau kam und jetzt ein neues Leben anfangen wollte. Bis dahin hatte er wohl ziemlich quer gelegen, ich meine politisch, und der Bau hatte daran auch nicht viel geändert." (NL/R, 40) Als ein Agitator auf diesen „Typ" einzureden beginnt, weiß Edgar schon, was folgen wird, da alle diese Filme nach dem gleichen Muster gestrickt sind: „Der Mann würde so lange auf ihn losreden, bis er alles einsah, und dann würden sie ihn hervorragend einreihen. Und so kam es dann auch. Er kam in eine prachtvolle Brigade mit einem prachtvollen Brigadier, lernte eine prachtvolle Studentin kennen, deren Eltern waren zwar zuerst dagegen, wurden dann aber noch ganz prachtvoll, als sie sahen, was für ein prachtvoller Junge er doch geworden war, und zuletzt durfte er dann auch noch zur Fahne." (NL/R, 40) Der Film hat nur einen Schönheitsfehler, der nicht in das Schema der „Ankunftsliteratur" paßt. Der Bruder des Helden ist nämlich ein unverbesserlicher Außenseiter: „Alles ... machte er mit, aber einreihen ließ er sich deswegen noch lange nicht." (NL/R, 41)

Edgar begnügt sich nicht mit der parodistischen Überzeichnung des „prachtvollen" Helden einerseits und seiner Sympathieerklärung für dessen Bruder, den Aussteiger, andererseits. Er tritt zusätzlich als Filmkritiker gegenüber dem während der Diskussion über den Film anwesenden Drehbuchautor auf, dem er mitteilt, „daß ein Film, in dem die Leute in einer Tour lernen und gebessert werden, nur öde sein kann. Daß dann jeder gleich sieht, was *er* daraus lernen soll, und daß kein Aas Lust hat, ... auch abends im Kino noch zu lernen ...." (NL/R, 42) Da die Passage auf Plenzdorfs eigenem Film ‚Kennen Sie Urban?' (1971) basiert, läßt sich der Szenarist unschwer mit Plenzdorf selbst identifizieren. In der Antwort des Szenaristen steckt daher nicht nur ein „Moment der Selbstkritik des Autors",[88] sondern auch Kritik an den äußeren Bedingungen, unter denen solche Filme zustande gekommen sind: „Er sagte, daß er sich das schon immer gedacht hätte, aber daß es nicht anders gegangen wäre." (NL/R, 42–43) Als Edgar dem Szenaristen noch wohlmeinend rät, „lieber diese Geschichtsfilme zu machen, bei denen jeder von vornherein weiß, daß sie nicht zum Amüsieren sind" (NL/R, 43), hat der Szenarist genug von der Diskussion. Plenzdorf, Verfasser des Drehbuchs für den geschichtlichen Film ‚Mir nach, Canaillen!' (1964), überträgt seine Frustrationen offensichtlich auf die Kunstfigur des Szenaristen, wenn er Edgar abschließend bemerken läßt: „Ich hatte sowieso das Gefühl, daß er eine unwahrscheinliche Wut im

Bauch hatte auf irgendwas an dem Tag oder überhaupt." (NL/ R, 43)

Kritik an der „Ankunftsliteratur" und Andeutung der Schwierigkeiten beim eigenen Schaffen verschränken sich in dieser Episode. Während sich die Prosa- und Stückefassung der ‚Neuen Leiden', die die Passage noch nicht enthalten, ebenfalls als „bewußtes Gegenstück" zur „Ankunftsliteratur" lesen lassen, ist es nicht überzeugend, die Urfassung dem „später abgelehnten Vorbild der ‚Ankunftsliteratur'" zuzuordnen. Denn in der Urfassung erfolgt die „harmonische Eingliederung des Individuums in die sozialistische Gesellschaft"[89] ohne irgendwelche Einsicht Edgars in sein einzelgängerisches, aber erfolgreiches Verhalten.

So sehr sich die ‚Neuen Leiden' von der „Ankunftsliteratur" oder Werken wie Armin Stolpers Stück ‚Himmelfahrt zur Erde' (1971), das in der Sowjetunion spielt und dem bewährten Muster der „Bekehrung des Individuums zur Gesellschaft" folgt,[90] unterscheiden mögen, so wenig stellen sie jedoch den Sozialismus an sich in Frage. Dies wird auch von den meisten westlichen Kritikern ohne weiteres konzidiert. Ohnehin läßt sich an der eindeutigen Stellungnahme Edgars nur schwer deuteln: „Ich hatte nichts gegen Lenin und die. Ich hatte auch nichts gegen den Kommunismus und das, die Abschaffung der Ausbeutung auf der ganzen Welt. Dagegen war ich nicht. Aber gegen alles andere. Daß man Bücher nach der Größe ordnet zum Beispiel. Den meisten von uns geht es so. Sie haben nichts gegen den Kommunismus. Kein einigermaßen intelligenter Mensch kann heute was gegen den Kommunismus haben. Aber ansonsten sind sie dagegen. Zum Dafürsein gehört kein Mut. Mutig will aber jeder sein. Folglich ist er dagegen. Das ist es." (NL/R, 80–81)

Die Kritik Edgars richtet sich also gegen Äußerlichkeiten, beispielsweise gegen den Zwang zur Konformität in Kleidung und Aussehen: „Bloß es stank mich immer fast gar nicht an, wenn einer gleich ein Wüstling oder Sittenstrolch sein sollte, weil er lange Haare hatte, keine Bügelfalten, nicht schon um fünf aufstand und sich nicht gleich mit Pumpenwasser kalt abseifte und nicht wußte, in welcher Lohngruppe er mit fünfzig sein würde." (NL/R, 47) Edgars prinzipielle Zustimmung zum Sozialismus/Kommunismus, die im allgemeinen von der DDR-Kritik als *„sozialistischer* Diskussionsbeitrag" anerkannt wurde,[91] zeigt die Grenzen des Einflusses westlicher Ideologie auf Edgar. Grundsätzliche Zweifel an der Gesellschaftsordnung, in der er aufgewachsen ist, kommen dem jungen W. nicht, da er keine andere Welt kennt. Der Zweite Weltkrieg und die Folgen – die Zerstörung und Spaltung Deutschlands – sind ihm höchstens aus dem Geschichtsunterricht vertraut, wie die Episode mit dem Hugenottenmuseum illustriert. Edgar findet endlich das lange gesuchte Museum, das in einer zerstörten Kirche untergebracht ist. Nach dem Entschluß zum Bau des Farbspritzgeräts interessiert ihn die Kirche nicht mehr als Ort, an dem er Nachforschungen über seine hugenottische Abstammung treiben kann, vielmehr findet sie seine Aufmerksamkeit, weil es „die erste Kriegsruine war, die ich gesehen hatte. In Mittenberg war doch kein einziger Schuß gefallen! Das hatte doch General Brussilow oder wer beinah vergessen einzunehmen." (NL/R, 115)

Der Autor selbst hat sich unzweideutig zur „roten" Tradition bekannt:[92] Das Verhältnis seiner Figur zur Arbeit kann weiterhin als Gradmesser ihrer Einstellung zum Sozialismus dienen, da Edgar W. einerseits ihre Verabsolutierung als einzigen Lebenszweck ablehnt – wie noch anhand der Wertherzitate zu zeigen sein wird – andererseits ihre notwendige Funktion im Sozialisierungsprozeß erkennt: „Ich hatte nichts gegen Arbeit. Meine Meinung dazu war: Wenn ich arbeite, dann arbeite ich, und wenn ich gammle, dann gammle ich. ... Aber es soll keiner denken, ich hatte vor, ewig auf meiner Kolchose zu hocken und das. Man denkt vielleicht erst, das geht. Aber jeder einigermaßen intelligente Mensch weiß, wie lange. Bis man blöd wird, Leute. Immer nur die eigene Visage sehen, das macht garantiert blöd auf die Dauer. Das popt dann einfach nicht mehr. Der Jux fehlt und das. Dazu braucht man Kumpels, und dazu braucht man Arbeit." (NL/R, 65–66)

Edgars ,,Protest äußert sich . . . konsequent an Erscheinungsformen der Erziehung, des Unterrichts in der Schule, der Ausbildung im Betrieb, der Sexualität, Mode, Musik, . . . u. a., also an Überbauphänomenen, während Kritik an der ‚Basis' überhaupt nicht stattfindet."[93] Zu den Phänomenen, an denen Edgar Kritik übt, gehören auch die literarischen Leitbilder. Nicht etwa der heroische, in der DDR als vorbildhaft gepriesene Pawel Kortschagin aus Nikolai Ostrowskis Roman ‚Wie der Stahl gehärtet wurde' (1932–1934) ist Identifikationsfigur für Edgar, sondern J. D. Salingers Holden Caulfield aus dem Roman ‚Der Fänger im Roggen'. Mit deutlicher Spitze gegen den offiziellen Literaturkanon bemerkt Edgar: ,,Meine Erfahrungen mit empfohlenen Büchern waren hervorragend mies. Ich Idiot war so verrückt, daß ich ein empfohlenes Buch blöd fand, selbst wenn es gut war." (NL/R, 33) Salinger, der in der Urfassung der ‚Neuen Leiden' noch nicht erwähnt wird, firmiert in der Prosafassung als der ,,Deutsch-Amerikaner Salinger" (NL/P, 266) – vielleicht, um ihn akzeptabler zu machen. Plenzdorf selbst wies ausdrücklich darauf hin, daß er sich auf die Bearbeitung der ersten deutschen Übersetzung (1954) von ‚The Catcher in the Rye' (1951) von Heinrich Böll gestützt habe.[94] Bölls Bearbeitung erschien als ‚Der Fänger im Roggen' 1962. 1966 kam eine erfolgreiche Taschenbuchausgabe der Böllschen Bearbeitung heraus; 1969 erschien sie in der DDR. Edgars Worte verraten etwas über die Umstände, unter denen Plenzdorf wahrscheinlich mit Salingers Roman in Berührung gekommen ist: ,,Ich hatte es durch puren Zufall in die Klauen gekriegt. Kein Mensch kannte das. Ich meine: kein Mensch hatte es mir empfohlen oder so." (NL/R, 33) Die Verbreitung Salingers in der DDR hielt sich in Grenzen – trotz oder gerade wegen der paradigmatischen Bedeutung, die sein Roman für die mittel- und osteuropäische ,,Jeans-Prosa" gewann.[95]

Jedenfalls äußert sich Edgar mit rückhaltloser Begeisterung über den ‚Fänger im Roggen'. Nach seiner ersten Lektüre des ‚Werther' vergleicht er den Goetheschen Briefroman unvorteilhaft mit ,,seinem" Salinger: ,,Der das geschrieben hat, soll sich mal meinen Salinger durchlesen. *Das* ist echt, Leute!" (NL/R, 37) Er fährt fort: ,,Ich kann euch nur raten, ihn zu lesen, wenn ihr ihn irgendwo aufreißen könnt. Reißt euch das Ding unter den Nagel, wenn ihr es bei irgendwem stehen seht, und gebt es nicht wieder her! Leiht es euch aus und gebt es nicht wieder zurück." (NL/R, 37) Das Lob Salingers gewinnt noch dadurch an Bedeutung, daß es unmittelbar in die erwähnte Kritik Edgars an der offiziell empfohlenen ,,Ankunftsliteratur" und ihren filmischen Entsprechungen übergeht. Edgars Begeisterung für den Roman geht so weit, daß er auf naive Weise die fiktive Autobiographie des Protagonisten Holden Caulfield als realistische Beschreibung betrachtet und den Autor Salinger mit seiner Kunstfigur verwechselt: ,,Dieser Salinger ist ein edler Kerl. Wie er da in diesem nassen New York rumkraucht und nicht nach Hause kann, weil er von dieser Schule abgehauen ist, wo sie ihn sowieso exen wollten, das ging mir immer ungeheuer an die Nieren." (NL/R, 33) Von der Bewunderung zur Identifikation ist es nur ein Schritt, denn Edgar ist ebenfalls ein Ausreißer, der nicht nach Hause kann oder will.

Edgars Annäherungsversuche über ideologische und reale Grenzen hinweg, seine Idee, Salinger/Caulfield nach dem ,,Nest" Mittenberg einzuladen, damit er dort ,,seine blöden sexuellen Probleme" beseitigen könne (NL/R, 34), stießen in der DDR-Kritik nicht auf Gegenliebe. Für derartige Ansichten wurde der ,,Jeans-Rausch" verantwortlich gemacht.[96] Es ist tatsächlich ein Merkmal der ,,Jeans-Prosa", daß sie sich auf die ,,horizontale Suche nach einer Kontinuität" unter Nichtberücksichtigung ideologischer Grenzen begibt und sich nicht sehr um die Bewahrung der vertikalen oder nationalen Identität bemüht.[97] ,,Verwandte Wertsysteme" findet die ,,Jeans-Prosa" vor allem in den Massenmedien: ,,im Film, in der Musik, im Kleidungsstil und in Büchern."[98] Unter den Büchern war es vor allem Salingers Roman, der beispielhaft wirkte. So läßt Plenzdorf seinen Edgar Wibeau nach dem Muster Holden Caulfields, der seine Geschichte erzählt, als er sich in psychiatrischer Behandlung befindet, die schnoddrig-saloppe, jargonhafte, mit Amerikanismen durchsetzte Form – zum Beispiel das Adjektiv „old" vor Personennamen[99] – der mündlichen Mitteilung gebrauchen. Die Sprache Edgars, die stark von der Diktion der Erwachsenen absticht, wirkte auf einige Kritiker provozierend. Den Staranwalt Friedrich Karl Kaul jedenfalls ekelte es vor dem „Fäkalien-Vokabular" in den ‚Neuen Leiden'.[100] Entgegen der Ansicht Kauls sind Ausdrücke der Fäkalsprache relativ selten in den ‚Neuen Leiden'; auch die Plenzdorf als Vorlage dienende Bearbeitung Bölls ist im Vergleich zum amerikanischen Original eine stilistisch geglättete, gehobene Version, die nicht die Schockwirkung der amerikanischen Fassung erreichte.[101]

Trotz gewisser Gemeinsamkeiten zwischen Edgar Wibeau und Holden Caulfield – wie ihrer jugendlichen Protesthaltung, subjektiven Erzählperspektive und Verwendung sprachlicher Klischees – sind die individual- und sozialpsychologischen Unterschiede erheblich. Holden Caulfield ist tatsächlich ein Leistungsverweigerer, der schon von mehreren Schulen abgehen mußte, während Edgar bis zu seinem Ausbruch durchaus als Musterknabe gelten konnte. Hinzu kommt, daß Edgar durch seine Erfindung wieder Anschluß an die Erwachsenenwelt zu finden versucht; seine Robinsonade – Defoes ‚Robinson Crusoe' ist nach ‚Der Fänger im Roggen' Edgars zweites Lieblingsbuch – in der zum Abriß bestimmten Laube ist von vornherein befristet. Das wird mit aller Deutlichkeit durch den mit modernen technischen Mitteln erfolgenden massiven Angriff auf Edgars Laubenidylle demonstriert: „Als ich wach wurde, war draußen der dritte Weltkrieg ausgebrochen. Ein Panzerangriff oder was. Ich jumpte von dem ollen Sofa und an die Tür, da tobte so ein Vieh mit Raupenketten und Stahlschild genau auf mich zu. Ein Bulldozer. Hundertfünfzig PS. Ich brüllte schätzungsweise wie ein Idiot. Einen halben Meter vor mir kam er zum Stehen, mit abgewürgtem Motor." (NL/R, 137) Immerhin gelingt es Edgar, sich einen zeitlich befristeten Freiraum zu sichern. Holden Caulfield hingegen hat lediglich die utopische Hoffnung auf ein von den Zwängen der Gesellschaft freies Leben im nordamerikanischen Nordosten, in den Wäldern von Massachusetts und Vermont. Die Nichtrealisierbarkeit dieser Hoffnung wird ersichtlich, als er mit seinen Plänen bei der bereits völlig an das Standesdenken ihrer gehobenen Schicht angepaßten Sally Hayes auf Unverständnis und Ablehnung stößt.

Holden Caulfields verweigerte Initiation, sein Festhalten an der Kindheit, das sich in seinem engen Verhältnis zu seiner noch kindlichen Schwester Phoebe spiegelt, sein letzter Fluchtplan, den er in der Rolle eines Taubstummen ausführen will, sind indikativ für einen Grad gesellschaftlicher Isolierung, der bei Edgar Wibeau nicht so stark ausgeprägt ist. Holden Caulfields ,,Gewinn der Erkenntnis, ausgedrückt im Reflexionsakt des Protagonisten: in der Niederschrift und Verarbeitung seines Erfahrungsweges"[102] wird auch Edgar Wibeau zuteil; bei ihm äußert sich der Erkenntnisgewinn postum im Akzeptieren der Eigenverantwortlichkeit, die sich wesentlich von der Perspektivelosigkeit Holden Caulfields abhebt: ,,Hier hat niemand schuld, nur ich. Das wolln wir mal festhalten! – Edgar Wibeau hat die Lehre geschmissen und ist von zu Hause weg, *weil er das schon lange vorhatte*. Er hat sich in Berlin als Anstreicher durchgeschlagen, hat seinen Spaß gehabt, hat Charlotte gehabt und hat beinah eine große Erfindung gemacht, *weil er das so wollte*." (NL/R, 16)

Edgars anfänglicher Wertschätzung für Salinger entspricht seine Geringschätzung des auf dem Laubenplumpsklo gefundenen ,Werther'. Da dessen Titelblatt und Nachwort anderen als ästhetischen Zwecken gedient haben, weiß Edgar nicht, um welchen Text es sich handelt, so daß er unvoreingenommen an die Lektüre gehen kann. Das Auffinden eines für das ,,klassische Erbe" der DDR reklamierten Textes in so unwürdiger Umgebung riß F. K. Kaul zu dem erwähnten Zornausbruch hin: ,,... mich ekelt geradezu ... die ... Inbezugsetzung eines verwahrlosten ... Jugendlichen mit der Goetheschen Romanfigur an."[103] Kaul übersieht geflissentlich, daß Edgar durchaus Zugeständnisse an die offizielle Hochschätzung der Klassiker macht, wenn er selbstkritisch bemerkt: „Ich und ein wertvoller Mensch. Schiller und Goethe und die, das waren vielleicht wertvolle Menschen." (NL/R, 87) Er nimmt weiterhin nicht zur Kenntnis, daß die Kanonisierung der Klassiker keineswegs zu ihrer aktiven Leserezeption führte. Eine jugendliche Teilnehmerin an der ‚Diskussion um Plenzdorf' formulierte diesen Sachverhalt wie folgt: „Machen wir uns nichts vor, es gibt nicht wenige Zeitgenossen, die mit stolzgeschwellter Brust erklären, daß ‚Goethe der deutsche Dichterfürst' sei, jedoch rote Köpfe bekommen, wenn man sie fragt, was sie denn von ihm gelesen haben."[104] Das völlige Unverständnis der mit Edgars Wertherzitaten in Plenzdorfs Text Konfrontierten macht die Diskrepanz zwischen Anspruch und Wirklichkeit in der Klassikerrezeption deutlich. Nur in der Stückeversion wird der Verfasser des ‚Werther' vom Vater mit Namen genannt, wohl um dem zum großen Teil aus Jugendlichen bestehenden Publikum einen Hinweis auf die inhaltlichen Parallelen zum ‚Werther' zu geben: „‚Den Vorhang anheben und dahintertreten! das ist alles! Und warum das Zaudern und ... Zagen? Weil man nicht weiß, wies dahinter aussieht! und man nicht wiederkehrt?' War das der Stil, wenn er Blech redete? – Das ist Goethe, ‚Werthers Leiden', nie wieder gelesen seit der Schule. Die Tonbänder – alles Goethe. Der Held erschießt sich. Die Frau heißt Charlotte." (NL/S, 258)

Plenzdorfs unkonventionelle Art, den ‚Werther' wieder zu verlebendigen und für die Jugend relevant zu machen, mußte deshalb auf starken Widerspruch stoßen, weil das kulturelle Erbe schon in der Sowjetischen Besatzungszone und dann später in der DDR einen hohen Stellenwert besaß. Die weitverbreiteten Worte des stalinistischen Kulturfunktionärs A. A. Shdanow aus dem Jahre 1934 kennzeichnen das auch für die DDR verbindliche Verhältnis zum Erbe: „Die Bourgeoisie ließ das Erbe zerflattern; wir sind verpflichtet, es sorgfältig zu sammeln, zu studieren und durch kritische Aneignung weiterzuentwickeln."[105] In der DDR betrachtete sich die SED, ihrem Selbstverständnis nach die Vorhut der Arbeiterklasse, als Hüterin und Bewahrerin des Erbes, wie etwa aus einem Manifest des Parteivorstandes zum 200. Geburtstag Goethes hervorgeht: „Die SED steht an der Spitze aller fortschrittlichen Kräfte im Kampf um eine neue Kultur, die an das große kulturelle Erbe des klassischen deutschen Humanismus anknüpft und dabei besonders den tiefen demokratischen und humanistischen Gehalt lebendig gestaltet, der aus Goethes Werk zu uns spricht."[106] Die Ableitung politischer Ansprüche und Zukunftsvisionen aus dem Erbe im allgemeinen und Goethes ‚Faust' im besonderen ließen nicht auf sich warten. 1962 verkündete Walter Ulbricht in einem Grundsatzreferat vor dem Nationalrat der DDR: „Der Sieg des Sozialismus in der Deutschen Demokratischen Republik und die Vereinigung des ganzen deutschen Volkes in einem einheitlichen, friedliebenden, demokratischen und sozialistischen Staat wird diesen dritten Teil des ‚Faust' abschließen. Und dieses Schlußkapitel ... werden die Bürger der Deutschen Demokratischen Republik und die Bürger der westdeutschen Bundesrepublik – brüderlich vereint – gemeinsam gestalten."[107]

Dem der Sturm-und-Drang-Periode Goethes entstammenden ‚Werther' ließen sich nicht solche anspruchsvollen politischen Zielsetzungen entnehmen wie dem klassischen ‚Faust'. Allenfalls konnte man unter weitgehender Ignorierung der Liebeshandlung Werther als verhinderten Sozialrevolutionär hinstellen. So heißt es in einem repräsentativen literarischen Nachschlagewerk der DDR, Goethes Briefroman „spiegele lyrischstimmungsvoll die Gefühlswelt des nach Entfaltung seiner Fähigkeiten, nach Verwirklichung seiner Ideen und Gefühle verlangenden, an den engen Grenzen der starren feudalen Konvention jedoch scheiternden begabten jungen Bürgers."[108] Trotz Plenzdorfs unkonventioneller Wertherrezeption vollzieht sich die Nutzbarmachung des jungen Goethe für die Jugend weiterhin in gewohnten Bahnen, etwa bei dem hauptsächlich als Kinderbuchautor hervorgetretenen Bernd Wolff, Autor eines Romans über Goethes Harzreise im Winter 1777 unter dem Arbeitstitel ‚Weber im Winter'. Wolff erläuterte seine Auffassung des Erbes: „Erbepflege bedeutet für mich in erster Linie, das Wertvolle der Vergangenheit aus dem Heute erlebbar zu machen. Ich will den Menschen Goethe zeigen, der um ein sinnerfülltes Leben ringt, seine Haltung zur Arbeit und zur Gesellschaft überprüft, dem Menschlichkeit über alles geht. Das sind durchaus gegenwärtige Fragen. ... Sie zu gestalten, erschien mir wichtig in einer Zeit, wo unverantwortliches Handeln imperialistischer Politiker uns an den Rand eines atomaren Infernos bringt."[109]

Von solch respektvoller Haltung sind Plenzdorf und seine Figur natürlich weit entfernt. Bei Edgars bekannter Abneigung gegen empfohlene Bücher kann ihn nur ein anonymer Autor zur Lektüre reizen. Selbst ohne die Befrachtung mit literargeschichtlichen Informationen gerät der ‚Werther' in die Gefahr, von Edgar für immer in die Ecke gefeuert zu werden: „Nach zwei Seiten schoß ich den Vogel in die Ecke. Leute, das konnte wirklich kein Schwein lesen. Beim besten Willen nicht." (NL/R, 36) Dann liest Edgar das Buch aber doch noch innerhalb von drei Stunden zu Ende; sein erstes Urteil über Inhalt und Stil des Gelesenen ist vernichtend, das Verhalten Werthers unverständlich: „Ich war fast gar nicht sauer! Der Kerl in dem Buch, dieser Werther, wie er hieß, macht am Schluß Selbstmord. Gibt einfach den Löffel ab. Schießt sich ein Loch in seine olle Birne, weil er die Frau nicht kriegen kann, die er haben will, und tut sich ungeheuer leid dabei. Wenn er nicht völlig verblödet war, mußte er doch sehen, daß sie nur darauf wartete, daß er was *machte,* diese Charlotte." (NL/R, 36) Außerdem hat Edgar große Schwierigkeiten mit der im Stil Werthers zum Ausdruck kommenden Gefühls- und Erlebniswelt: „Das wimmelte nur so von Herz und Seele und Glück und Tränen. Ich kann mir nicht vorstellen, daß welche so geredet haben sollen, auch nicht vor drei Jahrhunderten. Der ganze Apparat bestand aus lauter Briefen, von diesem unmöglichen Werther an seinen Kumpel zu Hause." (NL/R, 37) Als Lösung für Werthers Probleme, die er fast ausschließlich aus dem Sexuellen herleitet, empfiehlt er in ahistorischer und naiver Weise der fiktiven Figur den solidarischen Anschluß an Gleichgesinnte, besonders an den aus einem anderen Jahrhundert stammenden Thomas Müntzer: ,,Nehmen wir mal an, an die Frau wäre wirklich kein Rankommen gewesen. Das war noch lange kein Grund, sich zu durchlöchern. Er hatte doch ein Pferd! Da wär ich doch wie nichts in die Wälder. . . . Und Kumpels hätte er eins zu tausend massenweise gefunden. Zum Beispiel Thomas Müntzer oder wen." (NL/R, 37)

Im Vergleich zu dem ,,echten" Salinger ist Werther ,,nichts Reelles. Reiner Mist." (NL/R, 37) Als Edgar die Kindergärtnerin Charlie inmitten einer Kinderschar kennengelernt hat – Werther trifft Charlotte zuerst, als sie ihren jüngeren Geschwistern Brot schneidet – kommt ihm ,,vielleicht die beste Idee zeitlebens." (NL/R, 51) Er diktiert, angeregt durch die Namensgleichheit des Wertherschen Briefempfängers Wilhelm und seines Freundes Willi, zunächst aus ,,Jux" sein erstes Wertherzitat auf ein Tonband an ,,Old Willi": ,,Kurz und gut, Wilhelm, ich habe eine Bekanntschaft gemacht, die mein Herz näher angeht ... Einen Engel ... Und doch bin ich nicht imstande, dir zu sagen, wie sie vollkommen ist, warum sie vollkommen ist, genug, sie hat allen meinen Sinn gefangengenommen." (NL/R, 51; HA, 19)[110]

Von diesem Zeitpunkt an beginnt Edgar seine Gefühle für Charlie im Stile Werthers zu artikulieren und sich damit zusehends mit der Goetheschen Romanfigur zu identifizieren, die ihm zu einem besseren Verständnis dieser für ihn neuen Situation verhilft. Vorher hatte er Werther kritisiert, weil er Lotte gegenüber nicht *,,alles"* versucht hatte; jetzt befindet er sich in ähnlicher Lage und will bei Charlie zunächst einmal ,,warten damit." (NL/R, 54) Weitere wichtige Stationen in Edgars Beziehung zu Charlie werden durch etwa fünf der insgesamt sieben Tonbänder, die Willi zu Anfang der Romanfassung Edgars Vater vorspielt, kommentiert: Kennenlernen, Charlies ,,wahre Teilnehmung" an Edgars ,,Schicksal" (NL/R, 58; HA, 38), die Ankunft des ,,Bräutigams" Dieter (NL/R, 72; HA, 42), Charlies Versuch, die ,,zwei Verehrer in gutem Vernehmen miteinander" zu erhalten (NL/R, 78; HA, 42), Edgars erster Abschied von Charlie (NL/R, 84; HA, 56). Die inhaltlichen Parallelen zwischen dem ‚Werther' und den ‚Neuen Leiden' werden nicht durch die den äußeren Handlungsablauf kommentierenden Tonbandzitate und weitere, von Edgar verwendete, sich auf das Dreiecksverhältnis beziehende Textstellen erschöpft. Schon Robert Weimann hat auf die ,,Zweischichtigkeit des Werther-Bezugs" hingewiesen, der sowohl durch die ,,im Gefüge der durch Figuren bewegten *Handlung*" als ,,auf der Ebene der durch *Goethe-Zitate* verschlüsselten Selbstaussage des Helden" wirke.[111] Nichtkommentierte, aber der Wertherhandlung entlehnte Episoden sind zum Beispiel Edgars Anfertigung eines Schattenrisses von Charlie, die Pistolen/Luftgewehrepisode, die in der Urfassung noch die antizipatorische Funktion wie im ‚Werther' hat, und die in den ‚Neuen Leiden' allerdings stark umfunktionierte *klimaktische* letzte Begegnung zwischen Edgar und Charlie.

Plenzdorfs ,,Rückgriff" auf den ‚Werther' ist ganz gewiß mehr als ein ,,amüsanter Trick, ... frappierender Gag."[112] Vielmehr impliziert Plenzdorfs Bemerkung über die ,,Aktualität bestimmter Textstellen im ‚Werther'"[113] eine gesellschaftskritische Intention. Selbst die Zitate, die ,,auf flotte, komische oder groteske Weise Edgars Liebe, die Dreieckbeziehung Edgar-Charlie-Dieter und die Versuche der Integration in die Anstreicher-Brigade" begleiten, können nicht ausschließlich als ,,dekoratives Beiwerk und rhetorische Applikation" betrachtet werden.[114] Edgars zunehmende Wertschätzung Werthers drückt sich in seinen immer positiveren Kommentaren aus: ,,Dieser Werther hatte sich wirklich nützliche Dinge aus den Fingern gesaugt" (NL/R, 76); ,,Ich mußte sofort an Old Werther denken. Der Mann wußte Bescheid" (NL/R, 78); ,,Ich hatte nie im Leben gedacht, daß ich diesen Werther mal so begreifen würde." (NL/R, 124) Edgar geht einmal so weit, daß er den Werthertext in seine Wirklichkeit umsetzt – nur um ein Zitat ,,loswerden" zu können, das im übrigen überhaupt nicht seinen durch Massenmedien und technisierte Welt geformten

Anschauungen entspricht. Nach seinem Ohnmachtsanfall beim Luftballonaufblasen für Charlies Kinder ißt er einen vor Sand knirschenden Salatkopf mit dem Kommentar: ,,Wie wohl ist mir's, daß mein Herz die simple, harmlose Wonne des Menschen fühlen kann, der ein Krauthaupt auf seinen Tisch bringt, das er selbst gezogen." (NL/R, 69–70; HA, 29–30) Als ihm das Reclam-Heft, das er ständig bei sich trägt – Zeichen seiner weitgehenden Identifikation mit Werther – aus dem Hemd rutscht, verleugnet er es Charlie gegenüber als ,,Klopapier" (NL/R, 70). Salinger wird von Werther fast völlig in den Hintergrund gedrängt; für die neue Liebeserfahrung Edgars kann er kein Modell mehr abgeben und wird nur noch einmal zur negativen Charakterisierung Addis verwendet: ,,*Den* Typ kannte ich. Frag so einen mal nach Salinger oder einem. Da kommt garantiert nichts. Da denkt er, das ist ein Fachbuch, das ihm entgangen ist." (NL/R, 88)

Die größte gesellschaftspolitische Brisanz steckt in den Zitaten, die relativ losgelöst von der Dreieckskonstellation allgemeinere, sich auf Edgars Stellung in der Gesellschaft beziehende Themen formulieren. Edgar läßt seine ,,schärfste Waffe ... Old Werther" (NL/R, 82) vornehmlich dann sprechen, wenn er zu einem systemkonformen Verhalten überredet werden soll. Mehrere Interpreten haben die Wichtigkeit des einzigen Zitats, das zweimal erscheint, hervorgehoben.[115] Es lautet: ,,Es ist ein einförmiges Ding um das Menschengeschlecht. Die meisten verarbeiten den größten Teil der Zeit, um zu leben, und das bißchen, das ihnen von Freiheit übrigbleibt, ängstigt sie so, daß sie alle Mittel aufsuchen, um es loszuwerden." (NL/R, 56, 100; HA, 11) In den beiden Fällen, in denen Edgar das Zitat verwendet, handelt es sich um eine aggressive Reaktion – das Zitat wird ,,abgeschossen", beziehungsweise die ,,Werther-Pistole" wird ,,gezückt" – auf Anforderungen und Ansprüche der Gesellschaft, als deren Repräsentanten hier Charlie und Addi erscheinen. In beiden Fällen schwächt der aus dem Jenseits sprechende Edgar seine scharfe Kritik am sozialistischen Leistungsethos und ihren Vertretern ab. Trotzdem bleibt die

Beunruhigung durch diese Textstelle. Da sie weder von Charlie noch von Addi verstanden wird – Addi reagiert allerdings sehr heftig, indem er Edgar feuert –, ist der eigentliche Adressat der Zuschauer oder Leser, der sich mit dem implizierten Weiterbestehen der Entfremdung im Sozialismus auseinandersetzen muß. Zieht man den von Plenzdorf unterdrückten Einleitungssatz des obigen Zitats heran, so wirkt die Kritik noch schärfer: „Wenn du fragst, wie die Leute hier sind, muß ich dir sagen: wie überall!"

Im Anschluß an seinen Hinauswurf aus der Brigade diktiert Edgar sein letztes, vordergründig der Handlungsebene zuzurechnendes Wertherzitat auf ein Tonband. Dabei verbindet er Stellen aus zwei Briefen (vom 24. 12. 1771 und 24. 3. 1772), um gegen den Aktivitätsbegriff der sozialistischen Leistungsgesellschaft zu polemisieren: „Und daran seid ihr alle schuld, die ihr mich in das Joch geschwatzt und mir so viel von Aktivität vorgesungen habt. Aktivität! . . . Ich habe meine Entlassung . . . verlangt . . . Bringe das meiner Mutter in einem Säftchen bei." (NL/R, 101; HA, 62, 71) Weiterhin übt Edgar Kritik an der rationalistisch organisierten Gesellschaft mit seinem Zitat, das die Leidenschaft über den Verstand erhebt (NL/R, 82; HA, 50), und an der durch Regeln geschützten Mittelmäßigkeit, die Leuten wie dem biederen Dieter jede spontane Regung untersagt (NL/R, 75; HA, 15).

Die in den angeführten Zitaten zum Ausdruck kommende Kritik an den die Entfaltung des Individuums hemmenden Erscheinungen der DDR-Gesellschaft führt nun nicht zu einem völligen Rückzug Edgar Wibeaus aus dieser Gesellschaft, zu einer „Flucht nach innen." Der für diese Behauptung als Beweis dienende Werthersatz – „das alles / wilhelm / macht mich stumm – ich kehre in mich selbst zurück und finde eine welt" (NL/R, 19; HA, 13) – findet sich eben nicht „an zentraler Stelle";[116] vielmehr ist er einer Passage aus einem späteren Brief hinzugefügt, die den „Strom des Genies" mit den diesem feindlich gesinnten „gelassenen Herren" und ihren Sicherheitsvorkehrungen kontrastiert (HA, 16). Im übrigen erscheint das Zitat nur beim Abspielen der Tonbänder am Anfang; es ist nicht in den Text integriert und kann daher nicht den gleichen Stellenwert beanspruchen wie die übrigen Wertherzitate.

Die Tatsache, daß sich der „großartig eingereihte" Edgar (NL/R, 116) nach seiner Wiederaufnahme in die Anstreicherbrigade jeder Provokation durch Wertherzitate enthält – einen seine Entfremdung beklagenden Brief an Charlie mit einer Textstelle aus dem ‚Werther' schickt er nicht ab – bestätigt das gesellschaftskritische Potential dieser „Waffe". Sie dient ihm ebenfalls als Mittel der Personenklassifizierung. Der bereits im Rentenalter stehende und damit der revolutionären Vorvätergeneration angehörende Zaremba ist der erste, den „Old Werther ... dieses Althochdeutsch nicht aus dem Sattel warf." (NL/R, 99) Zarembas Eingehen auf den Text – obwohl Edgar zur Charakterisierung Addis „eine ziemlich normale Stelle" ausgesucht hatte (NL/R, 99) – ist ein Beweis für seine positiven menschlichen Qualitäten. Zaremba ist die eigentliche Integrationsfigur des Anstreicherkollektivs; er ist maßgeblich daran beteiligt, daß Edgar nach seinem Hinauswurf wieder in die Brigade zurückgeholt wird. In seiner Lebensfreude – für Edgar ist „das schönste..., daß er es noch mit Frauen hatte" (NL/R, 90) – und seinem unorthodoxen, von kleinlicher Bevormundung freien Umgang mit Menschen, in seiner durch bildkräftige Tätowierungen und Sangesfreude ausgedrückten Verbundenheit mit der revolutionären, nicht etablierten und bürokratisierten Arbeiterbewegung unterscheidet er sich erheblich von Dieter und Addi. Seine Tätigkeit in einer verantwortlichen, leitenden Stellung war daher nur von kurzer Dauer: „Zaremba soll gleich nach fünfundvierzig für drei Wochen Oberster Richter oder so von Berlin gewesen sein." (NL/R, 94) Somit vertritt Zaremba eine Variante eines humanen Sozialismus, der die Möglichkeit der Selbstverwirklichung des Individuums beinhaltet.[117] Jedoch kein DDR-Kritiker fühlte sich bewogen, in Zaremba das von Kaul so schmerzlich vermißte „sozial-politische Gegengewicht" zu sehen, „das der Wirklichkeit unseres sozialistischen Seins und sozialistischen Wollens ... entspricht."[118]

Im ‚Werther' gibt es weder eine Entsprechung für die Figur des Zaremba noch für Edgars Versuch, eine gesellschaftlich nützliche, obwohl individualistische, Tat zu vollbringen. Diese Nichtentsprechungen lassen die Grenzen der Anwendbarkeit des Modells ‚Werther' auf und für Edgar Wibeau sichtbar werden. Plenzdorfs Figur ist ja kein Selbstmord begehender neuer Werther,[119] sondern ein moderner Jugendlicher, der die alten Leiden Werthers unter veränderten gesellschaftlichen Umständen als neue Leiden erfährt und sie abweichend von Werther aus dem Jenseits zur Diskussion stellt. Daß sich vor allem die Jugendlichen von dem sie direkt mit „Leute" oder Wendungen wie „ich weiß nicht, ob das einer begreift" (NL/R, 59) anredenden Edgar angesprochen fühlten und den Fall Wibeau ernsthaft und ausführlich debattierten, wurde schon erwähnt. In der von Literaturkritikern und Kulturfunktionären geführten Diskussion gab es zwar eine Tendenz zur Verharmlosung der von Plenzdorf aufgeworfenen Problematik, diese Lesart konnte sich nicht in der bald über das rein Literarische hinausgehenden Diskussion durchsetzen. Schließlich beschäftigte man sich auf höchster Ebene mit den ‚Neuen Leiden'.

Auf dem 9. Plenum des Zentralkomitees der SED im Mai 1973 verband Erich Honecker eine teilweise Zurücknahme seines auf der 4. Tagung des Zentralkomitees im Dezember 1971 verkündeten neuen Kurses einer Literatur ohne Tabus mit einer relativ milden Kritik an dem ungenannten Plenzdorf, indem er klarstellte, daß er in den ‚Neuen Leiden' die als Voraussetzung der Tabuaufhebung genannte „feste Position des Sozialismus"[120] nicht gewährleistet sah: „... dem Neuen nachzuspüren, es aufzudecken und mitzugestalten, gelingt wohl nicht immer beim ersten Versuch und am wenigsten dadurch, daß versucht wird, eigene Leiden der Gesellschaft aufzuoktroyieren. Die in verschiedenen Theaterstücken und Filmen dargestellte Vereinsamung und Isolierung des Menschen von der Gesellschaft, ihre Anonymität in bezug auf die gesellschaftlichen Verhältnisse machen schon jetzt deutlich, daß die Grundhaltung solcher Werke dem Anspruch des Sozialismus an Kunst und Literatur entgegensteht."[121]

An den Satz Honeckers von den Leiden, die der Gesellschaft aufgezwungen werden sollen, knüpft Volker Braun in seiner Erzählung ‚Unvollendete Geschichte' an. Sie erschien 1975 in ‚Sinn und Form', wurde aber in der DDR nicht als Buch veröffentlicht. Die achtzehnjährige Karin, Funktionärstochter und Kandidatin der SED, absolviert vor dem Studium ihre Volontärzeit in der Redaktion einer Bezirkszeitung. Auf dringendes Anraten ihrer Eltern, denen sie in persönlichen und politischen Fragen zu folgen gewohnt ist, trennt sie sich von ihrem Freund Frank, gegen den etwas vorliegt. Nach dem Entschluß zur Trennung stößt sie auf Plenzdorfs Buch – eine Begegnung, die an strukturell wichtiger Stelle, in der Textmitte, stattfindet. Sie beurteilt das Buch zunächst auf der Basis der ihr anerzogenen Denkkategorien. Aus diesem Grunde fällt ihr die Formulierung von den aufoktroyierten Leiden auf, die das normale Verhältnis zwischen Individuum und Gesellschaft in der DDR geradezu auf den Kopf zu stellen scheint: ,,Sie las in einem Buch herum, das auf dem Tisch des Bruders lag. Sie hatte von dem Buch gehört, allein das Wort ‚Leiden' im Titel war erschreckend genug. In der Zeitung hatte gestanden, der Verfasser versuche, seine eigenen Leiden der Gesellschaft ‚aufzuoktroyieren'. Das wäre, dachte sie jetzt, immerhin neu, daß das Leid des einzelnen die Gesellschaft stören würde. Da mußte der einzelne allerhand in ihr bedeuten."[122] Karin gefällt die Geschichte, weil sie sie realistisch findet: ,,... es schien ein authentischer Fall zu sein, und wenn nicht das, so klangen doch die Gedanken dieses Wibeau, und wie er sie äußerte, wie mitgeschrieben."[123] Nur kann sie sich nach einigem Nachdenken aufgrund ihres Alters und ihrer höheren Bildungsstufe nicht mit Edgar identifizieren – im Unterschied zu ihrem Bruder, der ,,viele Ja! und Genau! an den Rand gekritzelt" hatte: ,,Nur war ihr, ... der ‚junge W.' zu jung, zwei Jahre wenigstens: sie verstand ihn, aber verstand sich davon nicht besser. Er sprach sich mal herrlich aus – aber der Werther, den er immer zitierte, hing noch anders mit der

Welt zusammen. Das hatten sie in der Schule behandelt. Der stieß sich an ihrem Kern. W. stieß sich an allem Äußeren, das war lustig, und ging per Zufall über den Jordan. Das Ungeheure in dem ‚Werther' war, daß da ein Riß durch die Welt ging, und durch ihn selbst. Das war eine alte Zeit. Und doch war auch in all dem Äußeren ein *Inneres*, W. drang nur nicht hinein, ein tieferer Widerspruch – den man finden müßte!"[124]

Den im ‚Werther' vorhandenen ,,Riß", zu dem Edgar Wibeau ihrer Meinung nach nicht vordringt, beginnt Karin noch stärker zu spüren, als sie sich nach einem Selbstmordversuch Franks wieder mit ihm versöhnt und dafür den Verlust ihres Postens und die Entfremdung von ihren Eltern in Kauf nehmen muß. Das aus Büchners ‚Hessischem Landboten' stammende Zitat: ,,Was ist denn nun das für ein gewaltiges Ding: der Staat?"[125] erscheint nicht von ungefähr im Text. Denn die allmächtige, von der SED kontrollierte Maschinerie des Staates setzt sich auf den bloßen und unbegründeten Verdacht von Franks Republikfluchtplänen gegen sie in Bewegung. Die Kritik am Staat wird gemildert durch Karins Reflektion: ,,Vielleicht war das kein Fall, der in ein bestimmtes Kapitel der Geschichtsbücher gehörte, sondern sie erlebte nur zwingender, als Schock, was jedem Aufwachsenden geschieht, wenn er seine hochdampfenden Vorstellungen von der neuen Gesellschaft zu Wasser werden sieht."[126] Doch der Schwager Karins formuliert eine scharfe Anklage nach dem Selbstmordversuch Franks: ,,Ihr müßt es soweit bringen, daß erst jemand stirbt ... eh ihr vernünftig werdet."[127] Karin selbst widerfährt Gerechtigkeit nur in einem Traum, in dem Arbeiter mit den privilegierten Funktionären abrechnen. In der Verbindung zu den einfachen Leuten, zu den Arbeitern wie Frank und seiner Mutter, an deren Leben Karin teilnehmen wird, scheint die vage Hoffnung auf die Zukunft zu liegen. Trotz der Unbestimmtheit der Zukunftserwartung ist Karins Kritik radikaler als der Angriff Edgar Wibeaus, der sich im wesentlichen gegen Oberflächenphänomene richtet.

Zwei andere, bereits 1974 erschienene literarische Reaktionen auf die ‚Neuen Leiden', die Erzählung ‚Der Sohn' von Wolfgang Joho und der Roman ‚Die Reise nach Jaroslaw' von Rolf Schneider, sind als ,,Versuche über Anpassung" von Jugendlichen zu betrachten.[128] Joho will ausdrücklich eine ,,erzieherische Wirkung" erzielen, ,,die davon ausgehen mag, wenn man darstellt, welche Folgen es haben kann, wenn es mit der sozialistischen Moral im Elternhaus nicht stimmt."[129] Der Unterschied zu Plenzdorf wird deutlich, wenn man bedenkt, daß Edgar Wibeaus Mutter ihn völlig im Sinne ,,sozialistischer Moral" erzogen hat, und daß es eben diese Moral war, gegen die Edgar opponierte. Die Bezugnahme auf Plenzdorf in Schneiders Roman ist noch deutlicher als bei Joho. Die achtzehnjährige Gittie erzählt die Geschichte ihres Ausreißversuchs, bei dem sie in Berlin auf den ,,Typ" Edgar Wibeau trifft. Sie urteilt über ihn in deutlicher Abgrenzung: ,,Der Typ erwähnte, er käme gerade aus einem Beat-Konzert, und er fing an, ganz ungeheuer davon zu schwärmen. Ich habe nichts gegen Beat, aber der Typ redete von Beat, als redete er von Sex. Ich habe auch nichts gegen Sex. Ich habe was dagegen, aus Beat oder meinetwegen Sex eine Religion zu machen. Ich versuchte das dem Jungen klarzumachen. Er reagierte völlig irre. Er war total besessen von Beat. Leute, die auf diese Art besessen sind, kriegen entweder den Nobelpreis, oder sie begehen Selbstmord. Der Typ nannte mich zuletzt *tiffig*. Ich sagte ihm, er solle erst mal lernen, wie man richtig *cool* ist. Das schien ihn zu treffen, und er lief wütend davon."[130] Am Ende läßt sich Gittie davon überzeugen, daß Durchbrennen keine Lösung darstellt, verzichtet auf den Besuch der Erweiterten Oberschule und wird Hotelkaufmannslehrling in einem Interhotel.

Auf eine derartig simple Lösung, die im wesentlichen eine Anpassung beinhaltet, ließ sich Plenzdorf auch nach der Rüge durch Honecker nicht ein. Seine weiteren Arbeiten beschäftigten sich erneut mit den Konflikten, in die das Individuum mit der Gesellschaft gerät; sie stellen wiederum die Frage nach dem Anspruch des einzelnen an die Gesellschaft, nach der Befriedigung des individuellen Glücksverlangens.

3. ‚kein runter kein fern'

Mit der schon Anfang der siebziger Jahre entstandenen Erzählung errang Plenzdorf 1978 den von der Kärntner Landeshauptstadt Klagenfurt gestifteten und anläßlich der ‚Tage der deutschsprachigen Literatur' verliehenen Ingeborg-Bachmann-Preis.[131] Plenzdorfs Lesung des Textes im Rahmen des an die Praxis der ehemaligen Gruppe 47 erinnernden Wettbewerbs führte zur Erstveröffentlichung der Erzählung in einem westdeutschen Verlag – in der DDR ist ‚kein runter kein fern' bisher nicht gedruckt worden. Angesichts der Radikalität des ohne politische und ästhetische Kompromißabsicht geschriebenen Textes, der „ohne die Reaktionen der DDR-Kulturpolitik berücksichtigendes literaturpolitisches Netz und ohne entsprechende ideologische Zugeständnisse" auskommt,[132] dürfte dies wohl kaum zu erwarten sein.

Der Titel ist in der verknappt-rudimentären Diktion der Titelfigur, eines geistig zurückgebliebenen Zehnjährigen, formuliert und weist auf seine Situation hin. Der Junge ist von seinem Vater mit dem Spielverbot auf der Straße oder dem Spielplatz und dem Entzug des (westlichen) Fernsehens, das ihm eine schönere Welt vorspiegelt, wegen schwacher schulischer Leistungen bestraft worden. Als Hilfsschüler ist er in der leistungsorientierten DDR zum Versager abgestempelt worden; seine zuweilen bis an das Unverständliche grenzenden sprachlichen Äußerungen – er verschluckt die Endsilben – lassen seine Kommunikationsprobleme stärker hervortreten und prädestinieren ihn für die Rolle des Außenseiters.

Die Erzählung besteht aus dem inneren Monolog der Titelfigur, deren Bewußtsein die Erzählperspektive bestimmt. Die räumliche und zeitliche Einheit der im Bewußtsein des Jungen reflektierten äußeren Vorgänge wird durch die Feier des 20. Jahrestages der DDR markiert. Die offizielle Feier kulminiert in einer Militärparade, die der Radiosprecher, dessen eingeblendeter, in geschliffenem Hochdeutsch gesprochener Kommentar stark mit dem ungrammatischen Idiom des Jungen kontrastiert, mit gebührendem Pathos zelebriert: „*Und da beginnt mit hellem Marschrhythmus unter strahlend blauem Himmel der Marsch auf unserer Straße durch die zwanzig guten und kräftigen Jahre unserer Republik ... NVA mit ausgezeichneter Kampftechnik, die unsere gute Straße hart an der Grenze des imperialistischen Lagers sicher flankiert, bildet den Auftakt der Kampfdemonstration.*" (KR, 14)

Neben der offiziellen Feier soll – so lautet ein sich später als unbegründet herausstellendes Gerücht – eine Gegenveranstaltung stattfinden, zu der es den Jungen trotz Ausgangsverbot unwiderstehlich hinzieht. Mick Jagger und die Rolling Stones werden, glaubt der Junge, auf dem Dach des Springerhochhauses auf der westlichen Seite der Mauer ein Konzert für die DDR-Jugend geben: „ICH kenn die stelle man kommt ganz dicht ran an die mauer und DRÜBEN ist das SPRINGERHAUS ... MICK hat sich die stelle gut ausgesucht wenn er da aufm dach steht, kann ihn ganz berlin sehn und ... hörn mit ihre ANLAGE die wern sich ärgern aber es ist ihre schuld, wenn sie MICK nicht rüberlassn ..." (KR, 13)

Der leitmotivisch verwendete Songtitel der Stones ‚I can't get no satisfaction' – in der phonetischen Wiedergabe des Zehnjährigen: „EIKENNGETTNOSETTISFEKSCHIN" (KR, 13) – signalisiert die negativen Erfahrungen des unangepaßten Jungen, obwohl er weder in der Lage ist, den Text des Songs zu verstehen, noch über den Inhalt zu reflektieren. Seine Englischkenntnisse beschränken sich auf einige verballhornte Phrasen, wie zum Beispiel „hau du ju du im gummischuh" (KR, 28); sein geistiger Horizont reicht nicht aus, um über seine eigene Situation hinausgehende verallgemeinernde Schlüsse zu ziehen. Trotzdem weist die naive Identifikation der Titelfigur mit Mick sie als einen Anhänger der internationalen Jugendsubkultur aus, deren Lebensgefühl von der anglo-amerikanischen Rockmusik popularisiert wurde. Schon Edgar Wibeau hatte seinen Individualismus durch sein Bekenntnis zur „echten" Musik bekundet, die neben Jeans in seiner Wertskala ganz vorn rangierte: „Für Jeans konnte ich überhaupt auf alles verzichten, außer der *schönsten Sache* vielleicht. Und außer Musik. Ich meine jetzt nicht irgendeinen Händelsohn Bacholdy, sondern echte Musik, Leute. Ich hatte nichts gegen Bacholdy oder einen, aber sie rissen mich nicht gerade vom Hocker." (NL/R, 26) Im Vergleich zu der recht generellen Hochschätzung „echter" Musik in den ‚Neuen Leiden' gewinnt in ‚kein runter kein fern' die positive Bewertung der Rockmusik im allgemeinen und der Song der Negation ‚I can't get no satisfaction' im besonderen eindeutig eine politische Dimension, wenn der Junge offene Zweifel am offiziellen Feindbild äußert: „... sie sagn die DRÜBEN sind unser feind wer so singt, kann nicht unser feind sein wie MICK ..." (KR, 13)

Der eigentliche Feind ist für den Jungen die aus Vater und älterem Bruder bestehende Restfamilie – die Mutter hat sich der unhaltbaren häuslichen Situation durch Flucht in den Westen entzogen. Der Vater ist ein von Erfolgszwang und Aufsteigermentalität geprägter, linientreuer Funktionär, der Bruder Manfred ein von dem Jungen verachteter „Bulle", der den jüngeren Bruder auf sadistische Weise quält. Der Vater und Manfred praktizieren die autoritäre Politik des Staates gegenüber Außenseitern im Familienkreis und widerlegen somit die Worte des Rundfunksprechers: *„Die sozialistische Menschengemeinschaft ist unser größter Erfolg."* (KR, 29)

Außer der Mutter, die den Jungen gegenüber Vater und Bruder in Schutz genommen hatte – „Der Junge kann doch nichts dafür, wenn er nicht alles begreift" (KR, 18) – gibt es nur noch eine positiv gezeichnete Figur in der Erzählung, den Direktor der Hilfsschule, in die die Mutter den Jungen hatte einweisen lassen. Der Direktor widerspricht dem mit ideologischen Scheuklappen versehenen Vater in einem von dem Jungen belauschten Gespräch, in dem letzterer die Ursachen für Schwachsinn im Sozialismus als nicht mehr existent erklärt und den Jungen der Faulheit und Drückebergerei bezichtigt, die nur durch harte Strafen zu kurieren seien: „Mein Sohn ist nicht geschädigt! Einfach faul, von früh auf, keine Haltung. Ihr Sohn ist nicht faul, und er hat sogar eine relativ gute Merkfähigkeit für ein schwachsinn. Schwachsinn ist doch nur eine Folge kapita warte mal also kapita wo soll im Sozialismus der Nährboden für Schwachsinn! Wo ist im Sozialismus der Nährboden für Krebs? Krebs ist eine Krank. Schwachsinn ist auch eine Krank. Lediglich die Ursachen für Krebs sind. Die Ursachen für Schwachsinn sind auch noch nicht, mein lieber Mann." (KR, 17)

Zwei andere, in einem ursächlichen Zusammenhang miteinander stehende Probleme, sein Linkshändertum und sein Bettnässen, sollen dem Jungen ebenfalls ausgetrieben werden. Linkshänder zu sein ist bei Plenzdorf Zeichen des Nonkonformismus; Edgar Wibeaus Mutter mußte schließlich ihren Versuch aufgeben, ihn zum Rechtshänder zu machen: ,,Ich glaube, ich sagte noch nicht, daß ich ein echter Linkshänder war. Das war ungefähr das einzige, was Mutter Wibeau mir nicht abgewöhnen konnte. Sie machte alles mögliche, um es zu schaffen, und ich Idiot machte auch noch mit. Bis ich anfing zu stottern und ins Bett zu machen. An dem Punkt sagten die Ärzte stopp. Ich durfte wieder mit der Linken schreiben, hörte auf zu stottern und wurde wieder trocken." (NL/R, 138) Umgekehrt hat die gut angepaßte Laura in der ,Legende vom Glück ohne Ende' hart daran gearbeitet, ihr Linkshändertum zu unterdrücken; nur im allerprivatesten Bereich, beim Liebesspiel im Bett, benutzt sie ihre Linke. Auf Pauls Frage, warum sie gewöhnlich ihre Rechte benutze, antwortet Laura, ,,daß sie es sich selbst anerzogen hat, um in der Welt der Rechtshänder keine Schwierigkeiten zu haben." (LG, 221) An diese Antwort knüpft Paul sofort weiterführende Betrachtungen, die das Problem des Linkshändertums als gesellschaftlich-politisches definieren: ,,,Es ist dasselbe Problem ... wie in einer Gesellschaft, die rechts denkt, links zu denken. Das führt zu nichts anderem, als wenn einer in einem Land, in dem rechts gefahren wird, versucht links zu fahren: zu dauernden Zusammenstößen ...." (LG, 221) Solche theoretischen Erwägungen übersteigen den Horizont des Jungen bei weitem; der Versuch des Vaters, ihn zum Rechtshänder zu machen, zeigt auf, daß er die totale Anpassung seines Sohnes erreichen will.

Den Wunsch des Jungen, den praktischen Beruf des Tischlers zu erlernen – ein Beruf, für den er Begabung zeigt – ignoriert der Vater ebenfalls. Er denkt in den Kategorien des von Teilen der Jugendsubkultur abgelehnten technischen Fortschritts und der DDR-spezifischen sozialen Mobilität. Als ideologisch sattelfester Funktionär kleidet er seine Vorbehalte gegen andere Berufe und soziale Schichten in politisch akzeptable Formulierungen: ,,Ich habe nicht und mein Vater hat nicht in den schweren Jahren, damit unsere Kinder Tischler! Damit ich hier richtig verstanden, das richtet sich nicht gegen Tischler. Es muß und soll auch Tischler. ... wenig intelligenzintensive Tätig zum Beispiel Tischler durch weitgehende Mechani beziehungsweise Substi neuer Werkstoffe wie zum Beispiel Plaste ..."(KR, 20)

Die Unterdrückung durch Vater und Bruder – beide reden ihn nicht mit seinem Vornamen an, den der Leser nie erfährt; der letztere spricht von ihm abschätzig als ,,der Idiot" (KR, 22) – hatte den Jungen schon zu einem Selbstmordversuch getrieben. Angeregt durch den Rundfunkkommentar über den Aufmarsch der bewaffneten Streitkräfte, träumt er von der Rache an Vater und Bruder als ,,panzermann": *,,Zeugnis der Befreiungstat der Sowjetunion ein T vierunddreißig mit der russischen Aufschrift: Tod dem Faschismus*. ... würdich auch bei mir vorne draufschreiben, wenn ich panzer wär und dann würdich meine schlankn rohre auf IHN richtn und ... sagn, sagn sie, daß sie ein faschist sind das würde ER nicht machn und ... wegrenn aber ICH würde IHM nachfarn und ... IHN vor mir hertreibn bis vor Mfreds kaserne und würde sagn, gebt Mfred den B raus ... und dann zwingich IHN, mit Mfred zwei rundn zu boxn, bis ER auf die bretter geht ..." (KR, 21)

In seiner im Vergleich zu Edgar Wibeau stark eingeschränkten Handlungsfreiheit kann sich der Junge der Repression nur durch eskapistisches Wunschdenken entziehen; Teil dieses Wunschdenkens ist die Teilnahme am Konzert von Mick, der – das liegt bei seinen langen Haaren und seiner androgynen Gestalt nahe – mit der von Vater und Bruder als Verräterin an der

Republik verketzerten Mutter zu einer Erlöserfigur, zur ,,MICKMAMA" (KR, 23), verschmilzt. Diese Erlöserfigur soll ihm den Sprung über die Mauer in die Freiheit ermöglichen: ,,sie kommt und holt mich nach WESTN ... sie kommt vom Springerhaus über die MAUER und ihre haare gehn ihr bis auf die hüftn die gitarre hat er bei sich keiner kann ihr was er ist stark ... und sie nimmt mich bei der hand ... und dann hopsich mit ihr über die MAUER keiner macht was sie habn angst, weil MICK so groß ist ..." (KR, 24)

Im Bewußtsein des Jungen spielt der Westen eine derart positive Rolle, wie sie in dieser Eindeutigkeit in keinem anderen Text Plenzdorfs zu finden ist. Freilich hatte Edgar Wibeau Kritik an den Reisebeschränkungen, denen die meisten DDR-Bürger unterworfen sind, geübt: ,,Ich glaube, die meisten wollen die Welt sehen. Wer von sich behauptet: nein – der lügt." (NL/R, 41) Aber der Junge formuliert ganz unverblümt: ,,in WESTN kann man hinfahrn, wo man will, in WESTN kann man kaufn, was man will, in WESTN sind sie frei" (KR, 16). Dieses positive Bild des Westens wird am Ende dadurch entwertet, daß sich das erhoffte Auftreten Micks und der Stones an der Mauer tatsächlich als Gerücht erweist: ,,MICK ist nicht, keiner da. – MICK kommt – Siehst dun? War alles Spinne. Die drübn habn uns beschissn!" (KR, 30)

Der Wunsch auf Befreiung gehört in das Reich der Illusionen; die harte Realität behauptet sich am Schluß der Erzählung, als die an der Mauer versammelten Jugendlichen von der Polizei in eine Kirchenruine getrieben und ohne Provokation brutal zusammengeschlagen werden. Die schwachen Proteste des Jungen verhallen ungehört. Unter den ,,Bullen" befindet sich Manfred, der ältere Bruder. Gerade an ihm prallt die Bitte des Jungen um Schonung wirkungslos ab: ,,da ist Mfred der B! er haut inner kirche darf keiner kein Mfred! manfred! MANFRED! HIER! ICH BIN HIER DEIN BRUDER! nicht haun mehr ICH BIN HIER! MANFRED! HERKOMM! Hier nicht haun MAN du sau" (KR, 31). Die vergebliche Bitte des Jungen um menschliche Nachsicht erscheint als letztes Glied in einer langen Kette von Repressionen durch die Inbezugsetzung der letzten Episode zum biblischen Gleichnis von Kain und Abel. Die staatliche Gewaltanwendung gegen Außenseiter ist personalisiert; der eigene Bruder dient als williges Werkzeug einer autoritären Ordnung und ihrer Unterdrückungsmechanismen. Aus der Sicht des Jungen ist die Sanktionierung des Brudermords als Herrschaftsinstrument bereits im biblischen Muster vorgegeben: ,,da fragte ER? wo ist abl und kain sagte, keine ahnung soll ich ... meines Bruders hüter sein? aber ER wußte es schon, daß abl tot war ... und verfluchte kain und schickte ihn in die wüste und kein geld und nichts ... und ER machte ein zeichn an kain wahrscheinlich tinte und da durfte keiner kain totmachn, weil ER nämlich gar nichts gegen kain hatte die steckten unter einer decke sondern gegen abl und kain konnte wegziehn und heiratn und alles und abl war tot was daran heilich sein" (KR, 27–28)

Der Junge ist völlig das Opfer seiner Umwelt; weder verfügt er über die Handlungsfreiheit eines Edgar Wibeau noch ist er in der Lage, sich den auf ihn einstürmenden Augenblickseindrücken zu entziehen. Allerdings verwandelt er die wahrgenommenen Impressionen in freie Assoziationen, die, zusammen mit der scheinbar zusammenhanglosen Aneinanderreihung von Wirklichkeitseindrücken, ein subjektiv gefärbtes, in Stilmitteln und Technik an Alfred Döblins Roman ,Berlin Alexanderplatz' (1929) orientiertes Bild der Großstadt ergeben: ,,ICH nehm die u die u diudiudidudibu *Fahrgäste ohne gültigen Fahrausweis zahlen außer dem Fahrpreis laut Tarif 5 MDN Nachlösegebühr. Modehaus Dorett. Bei Augenqual nur Zapletal. Schöner unsere Hauptstadt – Mach mit. DDR 20 DDR 20 DDR 20 DDR 20 DDR 20.*" (KR 26)

Die virtuose ,,Kunstsprache ... aus Berliner Slang, Subkultur und Pop"[133] demonstriert eher das Gefangensein des Jungen in einer von ihm nicht kontrollierbaren Welt als das Gegenteil. Besonders der allgegenwärtige Rundfunkkommentator mit seinem hohlen Pathos weist auf die unüberwindlichen Schranken hin, die den durch das zusätzliche Handicap sprachlicher

Artikulationsschwierigkeiten belasteten Jungen von der Welt der angepaßten Erwachsenen trennen. Eine Möglichkeit zur Überwindung der Gegensätze besteht nicht; die Erzählung ist insofern das bei weitem pessimistischste Werk Plenzdorfs, als in ihr das Individuum als Opfer der Gesellschaft ohne die geringste Chance einer Gegenwehr auftritt. Es trifft daher zu, „daß in wenigen erzählerischen Texten die soziale Kältekammer, die die DDR-Gesellschaft in mancher Hinsicht darstellt, mit einer solchen Intensität dokumentiert worden ist."[134]

4. ‚Die Legende von Paul & Paula'

Die Filmerzählung und der darauf basierende Film (1973; Regie: Heiner Carow) beginnen, so könnte es scheinen, mit einer Szene des sozialistischen Aufbaus in Ostberlin, dem bevorzugten Schauplatz des Berliners Plenzdorf. Alte Häuser werden gesprengt, um Neubauten Platz zu machen. Aber nicht die Aufbauerfolge des Sozialismus stehen im Mittelpunkt, sondern private Beziehungen, genauer, der Glücksanspruch des Individuums. Aus dem letzten, zur Sprengung vorgesehenen Altbau ziehen noch Leute aus. Die Kamera zeigt Paul, der sorgfältig ein Bild trägt: „Das Bild zeigt Paul und Paula. Sie knien auf einem Bett und Paula umarmt Paul so leidenschaftlich, daß sein Hemd auf dem Rücken zerrissen ist. Dabei lacht sie unter Tränen." (PP, 7)

Es geht also um Liebe, um Leidenschaft, um, wenn man so will, eine „Love-Story, DDR-made".[135] Vor Beginn der eigentlichen Handlung und am Schluß wird Wolfgang Tilgners „Von der Liebe ein Lied" von einer „Beat-Band" (im Film die Renft-Combo) gespielt und gesungen.[136] Im Lied heißt es: „Unsre Füße, sie laufen zum Tod / Er verschlingt uns und wischt sich das Maul / Unsre Liebe ist stark wie der Tod / Und er hat uns manch Übels getan." (PP, 9, 88) Liebe und Tod, Glück und Unglück, wo bleibt da der Sozialismus, so könnte man fragen. Ist hier nicht ein Konflikt zwischen dem Glücksanspruch des

Individuums und den Anforderungen der Gesellschaft vorprogrammiert? Plenzdorf und Carow vermieden die Gefahr einer allzu brisanten Fragestellung durch die im Titel angeführte Form der Legende, in der sich Sagenhaftes, Phantasievolles, Nichtglaubwürdiges verbinden.

Die Handlungsführung ist geradlinig und ohne Komplexität. Nach der das Ende vorwegnehmenden Abrißszene werden zwei Handlungsstränge parallel geführt. Die außergewöhnlich gut aussehende, neunzehnjährige Paula, die in einer Kaufhalle in der Flaschenrückgabe und an der Kasse arbeitet, und der Student Paul wohnen einander gegenüber. Sie kennen sich vom Sehen und gehen im übrigen ihre eigenen Wege. Die ledige Paula, die bereits ein Kind hat, steuert zielstrebig und erfolgreich ihre nächste Eroberung an. Das ist Colly, der Kassierer bei einem Karussell auf dem Rummelplatz. Sie bekommt ein Kind von ihm, wirft ihn aber hinaus, da der treulose Colly es während ihrer Abwesenheit mit minderjährigen Mädchen treibt. Paul hat ebenfalls eine Eroberung auf dem Rummelplatz gemacht, nämlich die überdurchschnittlich schöne, aber reichlich ungebildete Tochter des Schießbudenbesitzers. In Pauls Liebesaffäre gibt es ein vermeintliches Happy-End; der schüchterne Paul „wird ... geheiratet." (PP, 19) Trotz ihres beschränkten Geisteshorizonts – Plenzdorf schreckt zu dessen Charakterisierung vor Kalauern wie „Sylvester" anstelle von „Semester" nicht zurück (PP, 17) – weiß die schöne Ines, was eine gute Partie ist, denn Paul steht am Anfang einer hoffnungsvollen Karriere. Paul wird Vater, entdeckt aber nach der Rückkehr von seiner Armeedienstzeit einen Liebhaber seiner Frau im ehelichen Schlafgemach. Er versöhnt sich mit seiner Frau, und „Jahre später hat Paul es geschafft." (PP, 27) Er wohnt jetzt in einem Neubau, immer noch gegenüber dem alten Haus, in dem Paula ihre Wohnung hat. Durch seine Karriere als seriöser, angepaßter Funktionär in einer Außenhandelsbehörde hat sich seine häusliche Situation keineswegs gebessert. Eines Abends, als ihm die Dummheit seiner Frau und die Borniertheit seiner Schwiegereltern zu sehr auf die Nerven zu gehen beginnen, flüchtet er in eine Kellerbar. Dort trifft er die ebenfalls mit ihrem Leben unzufriedene Paula. Der Kohlenhändler hatte ihr einfach zehn Zentner Briketts vor die Haustür geschüttet, sollte sie sehen, wie sie damit fertig wurde. Nach dem Einräumen der Kohlen denkt sie todmüde: ,,Um neun schlafen! – Es muß doch auch noch was anderes geben als schlafen. Arbeiten. Schlafen und wieder arbeiten! Mit dreiundzwanzig Lenzen!" (PP, 31) Als Ausweg aus ihrer Misere bietet sich die Heirat mit dem Vulkaniseurmeister Saft an, dem ältlichen ,,Reifenfritzen" mit einem gutgehenden Geschäft, der ,,Gewehr bei Fuß" steht (PP, 32) und nur darauf wartet, daß sie ihr Jawort gibt. Paula ist fast zur Heirat mit dem ungeliebten Mann entschlossen, ,,... aber bevor es soweit ist, mach ich noch ein Faß auf und kein kleines!" (PP, 33) Das will sie in der besagten Kellerbar tun.

Nach anfänglich anderer Partnerwahl finden sich Paul und Paula und verbringen die Nacht miteinander in Pauls Garage auf einer ständig vom Zusammenbruch bedrohten Campingliege, was Anlaß zu komischen Effekten ist. Dauerhafte Konsequenzen oder eine ernsthafte Bindung werden von Paula zunächst nicht anvisiert: ,,Wolln wir folgendes machen? – Wir lassen es dauern, solange es dauert. Wir machen nichts dagegen und nichts dafür. Und wir fragen uns nicht nach allerhand Zeugs. Bloß die Namen. Ich bin Paula." (PP, 40)

Dann ist es Paula, die glaubt, in Paul den richtigen Mann gefunden zu haben. Paul ist zu diesem Zeitpunkt noch nicht bereit, Paula irgendwelche Opfer zu bringen. Er erklärt ihr, warum er sich nicht scheiden lassen könne. Seine Karriere hängt nämlich von einer zumindest nach außen hin intakten Ehe ab; es wird von ihm erwartet, daß er seiner zurückgebliebenen Frau Ideologie und Bildung vermittelt: ,,... ich ... kann mir keine Scheidungsgeschichte leisten in meiner Funktion. Es gibt da keine Dienstvorschrift, aber es ist so. Sie sagen mir glatt: erzieh sie!" (PP, 48) Pauls Absage an Paula beendet den ,,Konflikt zwischen Pflicht und Neigung" (PP, 49), in dem er sich jetzt befindet, keineswegs. Er versäumt eine Übung der

Kampfgruppen, um eine Nacht mit Paula verbringen zu können. Das Erlebnis dieser Liebesnacht wird poetisch überhöht und in eine Traumhandlung überführt, in der sich Paul und Paula, die von einer Familie von Spreeschiffern abstammt, mit ihrem Bett auf einem alten Spreekahn befinden. Paul beherzigt die Aufforderung der Sänger in der Traumszene noch nicht: „Geh zu ihr / Und laß deinen Drachen steigen / Halt sie fest / Denn du lebst nicht nur vom Muß allein / . . . ." (PP, 59) Vielmehr kollidiert Paulas absoluter Glücksanspruch immer noch mit Pauls Pflichtgefühl, wie aus dem folgenden Dialog hervorgeht:

Paula: Was will ich denn schon.

Paul: Alles oder nichts willst du.

Paula: Na und?

Paul: Ja, aber es gibt Verpflichtungen, denen muß man nachkommen. Keiner kann immer nur das machen, was er will, vorläufig ist das so.

Paula: Und einfach . . . glücklich sein?!

Paul: Bloß nicht auf Kosten anderer.

Paula: Und wenn doch?! (PP, 64)

Da wird das jüngste von Paulas Kindern überfahren. Sie gibt sich selbst die Schuld, weil sie durch Pauls Zurückweisung auf einem emotionalen Tiefpunkt angelangt war und die Kinder schlecht behandelt hatte. Jetzt beginnt Paul zu begreifen, was er an Paula hat; er vernachlässigt seinen Beruf, macht Annäherungsversuche, auf die Paula kühl reagiert, und quartiert sich schließlich im Treppenhaus vor Paulas Wohnung ein, ohne daß er sie umstimmen kann. Die Aussicht auf eine glückliche Lösung scheint völlig entschwunden; Paula ist entschlossen, Herrn Saft zu heiraten, und Paul wird nach der nur angedeuteten Ableistung des Selbstkritikrituals wieder in Amt und Würden eingesetzt. Doch als Paul erneut einen Liebhaber seiner Frau im Kleiderschrank entdeckt, hält er es für überflüssig, weiterhin um seiner Karriere willen die Fiktion einer glücklichen Ehe aufrechtzuerhalten. Er verschafft sich mit Gewalt Eintritt in Paulas Wohnung. Sie widerstrebt anfangs, beginnt ihn aber dann zu umarmen. Damit wäre nach einigen Komplikationen schließlich ein glückliches Ende erreicht. Aber Paula, die von einem Arzt nachdrücklich gewarnt worden war, daß sie ein drittes Kind nicht überleben würde, stirbt bei der Geburt von Pauls Kind, das sie trotz der ihr drohenden Gefahr unbedingt haben wollte. Der Schluß zeigt Paul friedlich in Paulas Bett mit seinem eigenen Kind und den beiden Kindern von Paula.

Die ‚Legende‘ ist somit die Geschichte einer teilweisen Selbstverwirklichung, die durch den Tod der Heldin, der wohl nicht durch einen Willensakt zustande kam, aber praktisch unausweichlich war, beendet wird. Das Vermächtnis von Paula lebt in ihrem gemeinsamen Kind fort; das am Anfang und am Schluß gezeigte Bild der beiden Liebenden dokumentiert noch einmal den individuellen Glücksanspruch, der sich nur zeitweilig durchsetzen ließ. Als Fazit der ‚Legende‘ können die Worte des Medizinprofessors dienen, der konstatiert: ,,Ideal und Wirklichkeit gehen nie übereinander. Ein Rest bleibt immer." (PP, 87) Immerhin wird die Möglichkeit der Durchsetzung der Ansprüche des Individuums ins Auge gefaßt, eine Entwicklung, die von westlicher Seite als ,,unverwechselbarer, neuer Ton" in der DDR-Kultur, als ,,ein Tupfen Ironie, Farbigkeit, Direktheit" interpretiert wurde.[137]

Für die DDR-Kritik waren Kriterien der Beurteilung wie ,,Ironie, Farbigkeit, Direktheit" nicht vorrangige Qualitäten; sie mußte sich mit dem Film auseinandersetzen, weil er zum einen überkommene Vorstellungen in Frage stellte und zum anderen großen Anklang beim Publikum fand – durchaus kein Normalfall bei DEFA-Filmen. Obwohl die Diskussion um die ‚Legende‘ nicht entfernt die Dimensionen der Debatte um die ‚Neuen Leiden‘ erreichte, hielt man den Film für wichtig genug, um ihm einen längeren Beitrag in einem vom Institut für Gesellschaftswissenschaften beim Zentralkomitee der SED herausgegebenen Sammelband zu widmen.[138] Der Film warf deshalb viele Fragen auf, weil er in mehrfacher Hinsicht Neuland betrat: in der Wahl der Heldin, von deren Pespektive die ‚Legende‘ hauptsächlich erzählt wird, und ihrem sozialen Umfeld;

in der Darstellung sexueller Beziehungen, in der Skizzierung der Arbeitswelt und in der poetischen Überhöhung des Alltags.

Die Wahl einer ungelernten oder angelernten Arbeiterin als Heldin ist ungewöhnlich im DDR-Film. Während Karla in dem gleichnamigen Filmskript sich als Lehrerin ständig mit ideologischen Fragen konfrontiert sieht, und die Kindergärtnerin Charlie in den ‚Neuen Leiden' den ,,Gammler" Edgar Wibeau zu der sozialistischen Arbeitsmoral erziehen möchte, die sie selbst unreflektiert vertritt, gehört Paula wohl zur Arbeiterklasse, ,,aber nicht zu den politisch fortgeschrittenen, führenden Kräften der Klasse. Sie ist eine durchschnittliche Arbeiterin ohne ausdrückliche politische Interessen."[139] Eigentlich spielt für Paula Politik überhaupt keine Rolle; sie ist viel zu sehr mit ihren privaten Problemen beschäftigt. Mit der postulierten Beteiligung Paulas an sozialen Prozessen ist es folglich nicht weit her; noch weniger kann die Rede davon sein, daß sie sich ,,bestimmte wichtige Prinzipien der sozialistischen Gesellschaft zur Richtschnur ihres Handelns" gemacht habe.[140] Paulas ungebrochenes Selbstbewußtsein, das sie die Schranken des sozialen Status und der Bildung, die sie von Paul trennen, ignorieren läßt, kann nicht ausschließlich der sozialistischen Gesellschaftsordnung zugeschrieben werden, denn der Kampf einer Frau um die Realisierung ihres privaten Glücks ist in der Literatur und Kunst anderer gesellschaftlicher Systeme nicht gerade selten. Wichtig ist vielmehr, daß der sich aus sozialen Unterschieden ergebende potentielle Konflikt als legitimer Vorwurf für die künstlerische Gestaltung überhaupt anerkannt wird. Hier zeigen sich zweifellos die Folgen der Liberalisierung der Kulturpolitik nach dem VIII. Parteitag. Die Tolerierung der Thematisierung von Konflikten im Sozialismus in Literatur und Film ist auf eine ideologische Kursänderung der SED zurückzuführen, die die Existenz ,,nichtantagonistischer" Klassen in der DDR zu akzeptieren begann.[141] Das hatte die Konsequenz, daß man sozialen Gruppen wie der, zu der Paula gehört, nicht nur ein unterentwickeltes Bewußtsein zugestand, sondern auch konzedierte, daß die Interessen von Individuen in solchen sozialen Schichten mit denen der Gesellschaft in Widerspruch geraten konnten.

Das Publikum interessierte sich kaum für ideologische Fragen; es nahm großen Anteil an den Alltagsfreuden und -leiden der unpolitischen Heldin: ",... Angelica Domröse als Paula – bald Berliner Hausfrau beim Kohlenschleppen und Aufwischen, bald Diskotheken-Mieze, bald schick, bald proletarisch, bald verzweifelnd vernünftig, bald unzurechnungsfähig vor Glück und Anspruch auf sein Fortbestehen: sie trifft das naive Nervenzentrum des Zuschauers auf eine sehr einnehmende Weise."[142] Die Schwierigkeit, eine solche Paula noch für den Sozialismus zu retten, wird evident, wenn eine Interpretin ,,Konsequenz und Richtung" von Paulas Glücksanspruch lediglich ,,im Vergleich zu verschiedenen kleinbürgerlichen Glücksansprüchen" ausmacht.[143] Die Ansprüche des Kleinbürgers Saft nämlich unterscheiden sich nicht fundamental von denen, die im Sozialismus vertretbar sind. Saft wird geschildert als ,,ein biedrer, durchaus empfindungsfähiger Mann ..., für den Geldverdienen wohl die Basis, aber noch nicht die Erfüllung seines Lebens ist. Er leidet unter seiner Einsamkeit und empfindet für Paula aufrichtige Sympathie."[144] Saft, der von sich sagt, ,,ich bin ein einfacher Mann, tja, acht Klassen, selber hochgearbeitet ..." (PP, 74), vertritt positive Prinzipien, allerdings mit dem gravierenden Unterschied, daß er privat-kapitalistische Interessen verfolgt. Was von der schon mehrfach zitierten Kritikerin beschönigend als ,,die Mentalität des privaten Handwerkers, der sich gewandt durch alle Schwierigkeiten hindurchschlängelt",[145] beschrieben wird, beinhaltet handfeste Tauschgeschäfte, ohne die die immer wieder von Mangelerscheinungen geplagte Wirtschaft der DDR nicht funktionieren würde, die aber den Besitzern von Mangelwaren erhebliche Vorteile bringen, wie Paul in der späteren ,Legende vom Glück ohne Ende' ausführt: ,,Im Umgang mit Mangelwaren bewahrt auf die Dauer niemand Charakter. Wenn er nämlich in den Genuß anderer Mangelartikel, Mangelleistungen oder sonstwelcher Vorzüge kommen will, ist er gezwungen, die ihm zugänglichen Mangelwaren als Tauschobjekte zu verwenden, zumal er sieht, daß große Gruppen in den selbstverständlichen Genuß von Mangelartikeln und so weiter gelangen. Und so ist es denn kein geringes Motiv, auf dem Tauschmarkt aktiv zu werden, sich seinerseits Dinge zu verschaffen, die ihn jedenfalls äußerlich zu jener gesellschaftlich höher bewerteten Gruppe gehörig erscheinen lassen und die außerdem auch deren Genüsse und Freiheiten mit sich bringen ..." (LG, 46)

Die Ruhe und Sicherheit, den soliden Wohlstand, den Paula in einer Ehe mit Saft finden könnte, schlägt sie schließlich aus – kein geringes Opfer angesichts des Statussymbols von Safts ,,Datsche", die sich als eindrucksvolles ,,Landhaus mit allem Drum und Dran" entpuppt (PP, 74). Wenn man bei Paula ein rudimentäres sozialistisches Bewußtsein erkennen will, dann ist es an ihrer Ablehnung materieller Sicherheit und materiellen Komforts, an dem die privilegierten Schichten ohnehin teilhaben, zu erfassen. Im Unterschied zum Filmpublikum, das in einer Berliner Aufführung am heftigsten beim Anblick des Badezimmers in Safts ,,Datsche" reagierte,[146] ist Paula frei von jenem kleinbürgerlichem Wohlstands- und Besitzdenken, das die DDR samt der kapitalistischen Konsumideologie übernommen hat.

Zu den Kleinbürgertypen zählt die genannte DDR-Kritikerin auch Paul, den sie als ,,eine neue, unseren gesellschaftlichen Verhältnissen angepaßte Spielart des Kleinbürgers" bezeichnet.[147] Das ist insofern überraschend, als hier die von Plenzdorf und Carow sicher mitintendierte Kritik an einem Funktionärstyp als gültig akzeptiert wird. Weitergehende Schlußfolgerungen versagt sich die Kritikerin, indem sie die Widersprüche zwischen ,,den politischen und moralischen Ansprüchen, die unseren gesellschaftlichen Normen entsprechen, und seiner Lebensweise" auf eine charakterliche Schwäche Pauls, auf seine mangelnde ,,moralische Substanz" zurückführt.[148] Sie übersieht dabei geflissentlich, daß Paul durch jugendliche Unerfahrenheit in seine Ehe gestolpert ist, und daß er durch den sanften Druck seiner Behörde daran gehindert wird, sie aufzulösen. Die recht plötzliche Wandlung Pauls, die durch die Verkürzungen des Filmszenariums nicht ganz überzeugend motiviert ist, läßt ihn dann sein Karrieredenken völlig vergessen. Als er seine Frau endgültig verläßt, um zu Paula zu gehen, sieht er der „Legende" nach schön aus „wie ein Märchenprinz." (PP, 83) Damit ist er der Wirklichkeit entrückt; es bleibt völlig offen, wie sich seine weitere Zukunft gestalten wird. Erst die ‚Legende vom Glück ohne Ende', in der Paul zur Hauptfigur avanciert, gibt über seine weitere Entwicklung Auskunft. Dem Zuschauer wird es in der Tat schwergemacht, „die Figur richtig in einen gesellschaftlichen Zusammenhang einzuordnen."[149]

Die schöne Ines, Pauls Frau, und ihre Eltern sind weniger problematische Figuren als Paul. Bei ihnen handelt es sich um karikaturistisch überzeichnete Randfiguren mit ausgeprägtem Besitzdenken und auffälligen kleinbürgerlichen Gewohnheiten: „Sie sehen fern, tratschen, schlabbern Kaffee." (PP, 30) Der Kontrast zu Paula ist enorm; es ist auch aus diesem Grunde verständlich, daß Paul schließlich Paula den Vorzug vor seiner Frau und ihrer Sippe gibt.

Ausschlaggebend für Pauls Hinwendung zu Paula ist natürlich ihre Attraktivität und ihre vorzügliche Eignung als Sexpartner. Schon die Hauptfigur in ‚Karla' war relativ freizügig in sexuellen Dingen gewesen, und Edgar Wibeau hatte nach eigenem Eingeständnis nie unter sexuellen Problemen gelitten. Die Gestaltung der Geschlechterbeziehungen in ‚Legende' ist nun völlig frei von Rücksichtnahme auf offizielle Prüderie. Paula hat bereits ein uneheliches Kind zu Beginn des Films, erobert zielstrebig den windigen Colly, der ihr dann untreu wird, und sichert sich schließlich Paul. Paul seinerseits begeht Ehebruch, der durch die Affären seiner Frau halbwegs gerechtfertigt erscheint. Kurzum, es wird alles andere als eine heile Welt der sexuellen Beziehungen gezeigt. Nach den Gründen für die relativ hohe Anzahl von Ehebrüchen und Affären nicht nur in seinen Werken befragt, antwortete Plenzdorf: „Viele sind so frei, zwischen unserer weltbekannt hohen Scheidungsrate und den hohen Chancen unserer Frauen, ökonomisch unabhängig sein zu können, einen Zusammenhang zu sehen."[150] Genau dieser Grund ist auf Paulas Situation nicht anwendbar, da ihre sozialen Aufstiegschancen äußerst begrenzt sind und Vorstellungen von der gesellschaftlichen Emanzipation der Frau ihr völlig fremd sind. Der zweite von Plenzdorf genannte Grund für die hohe Scheidungsrate in der DDR bietet dagegen eine teilweise Erklärung für die Konzeption einer Figur wie Paula: „... ein mangelndes Angebot an Sinnlichkeit bei dem jeweiligen Partner ... wäre immerhin denkbar. Als Tatsache nicht begrüßenswert – als Scheidungsmotivation sehr wohl begrüßenswert. Sozialismus scheint zumindest dem Bedürfnis nach Sinnlichkeit nicht entgegenzustehen."[151] Sinnlichkeit wird also von Plenzdorf als elementare menschliche Gegebenheit betrachtet, die ihren berechtigten Platz im Sozialismus hat und einer offenen und unverklemmten künstlerischen Gestaltung bedarf. Die „Unverblümtheit und Unbefangenheit" der Bettszenen des Films besaßen dementsprechend „Weltniveau."[152] Auf ein derartiges „Weltniveau" waren nicht alle Kulturfunktionäre stolz; es kam zu Protesten gegen den „pornographischen" Film. Die Diskussion, die in den Schulen stattfand, spiegelt sich in dem kurzen Prosatext ‚Kamasutra' in Reiner Kunzes ‚Die wunderbaren Jahre' (1976): „‚Diese Paula verwandelt ein Bett in ein Blumenbeet.... Paula bereitet der Liebe ein Fest. Wieviele halten sie noch in Dunkelhaft?'" Es geht nicht nur um Sexualität; die Unbedingtheit von Paulas Liebesanspruch bedeutet eine Gefahr für das System selbst: „Sie hat die Halbheiten satt, die faulen Kompromisse. Und auch er hat sie schließlich satt, als er sich mit der Axt zu ihr durchschlägt. Und wenn das Schule machen würde ..."[154]

Gegenüber der Darstellung der Bettszenen verblaßt die der nur skizzierten Arbeitswelt – auch das eine unübliche Gewichtung zugunsten privater Belange. Von allen Figuren hat Paul die gesellschaftspolitisch wichtigste Tätigkeit. Es ist wohl nicht nur Prahlerei, wenn er Paula erklärt: „Alle Hände voll zu tun. Was denkst du, wie wir gerackert haben, um den Vertrag unter Dach und Fach zu kriegen. Wir brauchen die Devisen. Und dann mach ich einen Suaheli-Lehrgang zur Zeit, Intensiv-Lehrgang. Einer von uns muß in drei Monaten die Sprache können. Macht sich notwendig." (PP, 63) Wegen ihrer Relevanz determiniert die Funktion Pauls Privatleben. Bei Paula ist es umgekehrt; es fällt ihr schwer, ein schöpferisches Verhältnis zu ihrer relativ uninteressanten Arbeit zu finden. Ihr Privatleben bestimmt ihre Einstellung zur Arbeit; nach der ersten mit Paul verbrachten Nacht ist sie in so glückseliger Stimmung, daß sie eine ganze Kaufhalle voller Menschen zum Singen bringt. Nach ihrer Trennung von Colly ist ihre Laune mies, und sie ist den Kunden gegenüber kratzbürstig. Sicher herrscht ,,eine Atmosphäre der Hilfsbereitschaft, der Fürsorge, des menschlichen Verständnisses" zwischen Paula und ihren Kolleginnen.[155] Ob solche Eigenschaften ausschließlich für den Sozialismus charakteristisch sind, kann bezweifelt werden; in der ‚Legende vom Glück ohne Ende' wird eine solche Atmosphäre geradezu als die Ausnahme geschildert. Jedenfalls reduziert die schlagfertige Paula den Anspruch sozialistischer Aufbauparolen auf ihren alltäglichen Kern:

Die Bauarbeiter *ballern und rufen:* Zehn nach acht. Wir müssen Werte schaffen.

Paula: Sauft halb soviel. Braucht ihr nicht vom Flaschenpfand zu leben. (PP, 28)

Für Plenzdorf ist es, wie er in einem Interview bekannte, ,,keine Frage, daß die Wirklichkeit nach ihrer Deckung mit den Idealen immer wieder befragt werden muß."[156] Da in der ‚Legende' ein ungedeckter ,,Rest" zwischen Ideal und Wirklichkeit bleibt, benutzten Plenzdorf und der Regisseur Carow die Form der Legende, um eine annähernde Deckungsgleichheit in der Kunstwirklichkeit des Films zu erzielen. Die Legendenform spielt die soziale Brisanz des Glücksanspruchs dieser einfachen Arbeiterin herunter, läßt sie jedoch nicht völlig unter den Tisch fallen.

Obwohl Plenzdorf auf die ,,Größe des Konflikts", der im alltäglichen Material der Geschichte stecke, aufmerksam machte,[157] dient die Legendenform dem Bewußtmachen von Konflikten auf eher indirekte Weise durch das Herausstellen einer idealisierten Figur. Die Legende ist die adäquate Form, um die Geschichte der fest an die alles überwindende Kraft der Liebe glaubenden Paula, die durch die Stärke ihres Glaubens die Statur einer säkularisierten Heiligen gewinnt, zu transportieren. Die Legende ist schließlich eine ,,religiös erbauliche, volkstümliche Erzählung ... um den irdischen Lebenslauf einer Heiligen ..., besonders den Kampf glaubensstarker Menschen mit der Umwelt."[158] Paulas herausgehobene Stellung wird durch die vereinfachend-typisierende Namengebung bei den anderen Figuren (,,die Schöne", ,,der Kumpel", ,,der Hohlkopf") noch unterstrichen. Am Schluß verschwindet Paula, eine moderne Euridike, in der Unterwelt des Untergrundbahnschachts.[159]

Eine ,,volkstümliche Erzählung" war geeignet, das dem Film verlorengegangene Publikum mit Hilfe einer einfachen Geschichte zurückzugewinnen, ,,eine Brücke zwischen DEFA-Film und Publikum über den Graben, der nun einmal da ist, zu bauen."[160] Dieser ,,Graben" war durch die divergierenden Erwartungshaltungen von Kulturfunktionären und Zuschauern zustandegekommen. Denn DEFA-Filme müssen zunächst einmal das Plazet des stellvertretenden Kulturministers erhalten, ehe sie zur Aufführung freigegeben werden. Der Regisseur Carow bemerkte dazu: ,,Es geht nicht mehr, daß man sich über die Zuschauerfrage hinwegsetzt ... Ich spreche ganz bewußt zu den Zuschauern, nicht zu meinen Kollegen oder zu denen, die das abnehmen."[161] Womit Plenzdorf und Carow das Publikum ansprechen wollten – und der Erfolg des Films gab ihnen recht – war die vielleicht eskapistische Vision eines erfüllten, besseren Lebens eines im grauen Alltag gefangenen einfachen Menschen. Carow reizte es zu erzählen, daß ,,viele sich so verhalten möchten" wie Paula, ,,es aber aufgrund ihrer Lebensumstände, ihrer persönlichen Ängste nicht tun. Indem ich es ihnen vorführe, es erlebbar mache – in diesem Fall eben durch die Legende – entspreche ich eigentlich den Sehnsüchten, den Emotionen der Zuschauer und damit auch ihrem *möglichen* Erleben ... die

Legendenform gab uns die Möglichkeit der künstlerischen Überhöhung."[162]

Die künstlerische Überhöhung der Wirklichkeit äußert sich vor allem in den fließenden Übergängen zwischen Wirklichkeit und Gedachtem, Gewünschtem, Vorgestelltem, Geträumtem. Dieses Ineinanderübergehen der verschiedenen Ebenen ist besonders augenfällig in den Spreekahnszenen mit der imaginierten Hochzeitsfeier und Brautnacht unter Einschluß von Paulas ganzer Sippe. Der Traum wird zwanglos von der Realität abgelöst, als Paul unter der stickigen Bettdecke erwacht und sofort voller Sorgen an die Konsequenzen seiner bei Paula verbrachten Nacht zu denken beginnt.

Für einen westlichen Kinobesucher war die ‚Legende' mit „viel Geschmack und Leichtigkeit in Szene gesetzt";[163] es war ein heimlicher „Tränendrücker mit Herz und Schnauze."[164] Dennoch faßten viele Zuschauer in der DDR den Film nicht nur als amüsante Unterhaltung, sondern als einen ernstzunehmenden Beitrag auf, der viele ihnen vertraute Probleme behandelte. Der Kritik galt der Film trotz ideologischer und künstlerischer Schwächen – etwa die Anleihen beim Melodrama, die ganz unbrechtisch an die Emotionen der Zuschauer appellieren – als anschauliches Beispiel einer parteilichen und volksverbundenen Kunst: „‚Die Legende von Paul und Paula' forderte ein Massenpublikum auf phantasieanregende Weise dazu heraus, über wesentliche soziale und moralische Probleme, zentrale Fragen des täglichen Lebens in unserer Gesellschaft nachzudenken. Deshalb ist ihm eine anregende Wirkung für die weitere Entwicklung unseres sozialistisch-realistischen Spielfilmschaffens zuzumessen."[165] Daß ein sich so weit von der Norm der noch von Edgar Wibeau kritisierten „Ankunftsliteratur" entfernender Film geradezu als Paradebeispiel sozialistischer Filmkunst gepriesen wird, zeigt eindringlich, daß die Toleranzschwelle für problematische oder unkonventionelle Filme und Literaturwerke nach dem VIII. Parteitag erheblich höher lag als vorher.

5. ‚Der alte Mann, das Pferd, die Straße'

Das 1974 entstandene Szenarium basiert auf einem bereits vorher veröffentlichten Text, Martin Stades Erzählung ‚Vetters fröhliche Fuhren' (1973), die wiederum auf einer kürzeren, unter dem Titel ‚Der Alte und das Pferd' erschienenen Fassung beruht.[166] In ihrem Szenarium modifizierten Plenzdorf und der als Mitarbeiter aufgeführte Stade den Titel der ersten Version der Erzählung wahrscheinlich mit der Absicht, die Aufmerksamkeit auf den im Mittelpunkt stehenden alten Mann, und nicht auf die möglicherweise falsche Assoziationen erweckenden ,,fröhlichen Fuhren" zu lenken.

Der 1931 geborene Stade, der sich zu der durch die Nachkriegszeit geprägten Generation Plenzdorfs und anderer zählt, bekannte in einem Interview, daß seine Sympathie den ,,Schwachen" gehöre.[167] In diesem Punkt ergibt sich eine Interessenübereinstimmung mit Plenzdorf, der vor allem in ‚kein runter kein fern' und der ‚Legende vom Glück ohne Ende' die Probleme der gesellschaftlich ,,Schwachen" – im ersteren Fall durch eine Mittelpunktsfigur, im letzteren durch Randfiguren – gestaltete. Eine weitere Basis der Zusammenarbeit bildete die gemeinsame Vorliebe beider Autoren für historische Stoffe – Plenzdorf schrieb das Drehbuch für den auf Stades historischem Roman ‚Der König und sein Narr' (1975) beruhenden gleichnamigen Film (1980). Auch die Grundhaltung Plenzdorfs und Stades, die nicht länger darüber diskutieren, ,,ob der Sozialismus nun das Richtige ist oder nicht," sondern darstellen, ,,wie die Menschen in dieser Gesellschaft zurechtkommen, was sie daraus machen oder nicht machen",[168] stimmt im wesentlichen überein.

Worin sich Stade von Plenzdorf, der die Handlung seiner veröffentlichten Texte hauptsächlich in der Großstadt Berlin stattfinden läßt, unterscheidet, das ist seine Vorliebe für das ,,Leben der Menschen auf dem Lande. Menschen . . ., die sich mit den Umwälzungen auseinandersetzen müssen, die auf dem Lande stattgefunden haben."[169] Um eben die Auswirkungen dieser ,,Umwälzungen" auf einen jetzt ,,Schwachen", nämlich die Titelfigur des Szenariums, geht es in ‚Vetters fröhliche Fuhren'. Der siebzigjährige, Vetter genannte Bauer wacht an einem kalten Wintermorgen auf und empfindet seine Nutzlosigkeit und Überflüssigkeit, als er die anderen Leute zur Arbeit gehen hört: ,,Draußen gingen die Leute an die Arbeit, und er lag im Bett, hörte sie nur und regte sich nicht und wußte, daß er im Grunde ganz unnütz hier lag und ebensogut auch anderswo liegen konnte."[170] Der ihm versprochene ruhige Lebensabend bedeutet ihm nicht viel, da Arbeit sein ganzer Lebensinhalt gewesen war, und er sich nicht an plötzliche Muße gewöhnen kann. Seine erzwungene Muße bringt ihn zum ständigen, bohrenden Nachgrübeln über sein Leben: ,,Das war ein ewiger Kreislauf von Gedanken, die genährt wurden von der bitteren Gegenwart und von der nicht weniger bitteren Vergangenheit." (S. 21)

Die Vergangenheit war bitter gewesen, weil der Vater, ein abgehalfterter kaiserlicher Feldwebel, den von Urgroßvater und Großvater hochgebrachten Bauernhof durch seinen Alkoholismus an den Rand des Ruins gebracht und die Familie mit militärischem Drill schikaniert hatte. Später, als Vetter endlich sein eigener Herr war, war ihm seine verstorbene Frau in den Rücken gefallen. Sie hatte gemeinsame Sache mit den Agitatoren gemacht, die die Bauern zum Eintritt in die Landwirtschaftliche Produktionsgenossenschaft (LPG) bewegen wollten. Sein Bemühen, durch den Erinnerungsvorgang zu einem besseren Verständnis seiner selbst zu gelangen, endet damit, daß er ,,in manchen Augenblicken voller Wut" war, ,,weil er nicht begriff, wie es möglich gewesen war, daß er Jahrzehnte lang alles falsch gemacht, und daß er nicht anders als ein Ochse gelebt hatte." (S. 16)

Wie jeden Morgen erwartet Vetter auch an diesem kalten Wintermorgen, bei der Arbeitseinteilung wegen seines Alters übergangen zu werden. Da aber geschieht ein kleines Wunder; der Brigadier der LPG kommt auf den leeren, funktionslos gewordenen Hof und fragt ihn, ob er ein Pferd zum Schlachthof in die Stadt bringen wolle – eine Arbeit, die niemand sonst machen will. Der sich nutzlos vorkommende alte Mann und das Pferd, das ,,unnütz im Stall" herumsteht und sich den Wanst vollfrißt (S. 26), sollen sich auf den Fußmarsch in die Stadt begeben. Der alte Mann ist wie verwandelt und sieht nichts Ehrenrühriges darin, einen Gaul zum Schinder zu bringen. Denn er, der durch seinen versoffenen Vater zum Status eines Kuh- und Ochsenbauern reduziert worden war, hatte schon immer ein Pferd haben wollen. Nur das später nicht eingelöste Versprechen, daß er Pferdegespannführer werden würde, hatte ihn eigentlich dazu bewogen, als letzter im Dorf in die LPG einzutreten. Als er mit seinem Gaul vor der Dorfkneipe auftaucht, um sich für den Weg zu stärken, gewinnt er neue Respektabilität; die in den Gesprächen der Bauern ohne Vorsatz angedeuteten Parallelen zwischen dem Geschick des Pferdes und seinem eigenen Leben kommen ihm nicht zu Bewußtsein: ,,Das hat er davon. Gearbeitet und gestorben." – ,,Geschuftet und gestorben." (S. 34)

Während seines langen Marsches in die Stadt grübelt Vetter weiter über die Vergangenheit nach. Besonders sein Verhältnis zu dem Neuen, zu den Umwälzungen im Dorf, beschäftigt ihn stark. Zwei Episoden treten hervor: einerseits die Katastrophe des Rinderoffenstalls, in den die Genossenschaftsbauern ihr Vieh treiben mußten und in dem es dann erfror; andererseits das Auftauchen von Mähdreschern im Dorf, die eine eindrucksvolle Demonstration der Technisierung der Landwirtschaft bieten. Das Nichtverschweigen von Fehlern bei der Einführung sozialistischer Produktionsmethoden auf dem Lande entspricht Stades Absicht, auch über Dinge zu schreiben, ,,die geschehen sind, die gesellschaftlich notwendig und richtig waren, von denen aber Menschen bis ins Mark getroffen wurden. Wir müssen auch über die Fehler der Vergangenheit schreiben können, sonst geraten wir in Gefahr, sie in Zukunft zu wiederholen. Das muß sein, mit aller Schonungslosigkeit. Ich meine auch, daß wir so weit sind, um das zu verkraften. Die Fehler bleiben ja immer an den Menschen hängen."[171]

Der alte Mann hat inzwischen ein neues Verhältnis zu den Fehlern der Vergangenheit gewonnen; er denkt nachsichtiger über den an Alkoholismus leidenden LPG-Vorsitzenden, auf dessen Konto eine Reihe von schwerwiegenden Fehlentscheidungen geht: „Er wußte jetzt, daß es kein besonderer, sondern ein kranker Mensch gewesen war, ebenso wie er im Grunde, nur anders krank, Alkoholiker eben. Der Vorsitzende litt am Alkohol, während er, Vetter, am Eigentum litt." (S. 57) Die neue Haltung zum Eigentum bedeutet noch keineswegs die Aufgabe alter Wünsche und Träume. Am sprichwörtlichen Scheidewege, einer Kreuzung, trifft der alte Mann eine Entscheidung, indem er nicht die Straße zur Stadt, sondern die ins Nachbardorf einschlägt. Dort läßt er das Pferd beschlagen; der erste Schritt zur Verwirklichung seines alten Traums vom Pferdebesitz ist getan. Er wird das Pferd kaufen, seine uralte Kutsche renovieren und Touristen auf die auf einem Berg gelegene Burg kutschieren. Sein geplantes Unternehmen nennt er reklamewirksam „Vetters fröhliche Fuhren". Doch als er in die Stadt geht, um Zaumzeug und anderes Zubehör zu kaufen, erkennt er die Stadt kaum wieder. Der Sattler führt kein Zaumzeug mehr, in einer ihm von früher bekannten Gaststätte wird sein draußen angebundenes Pferd zum Verkehrshindernis. In der Art des Kleistschen Michael Kohlhaas pocht er einem Verkehrspolizisten gegenüber auf sein altes Recht, weicht aber schließlich der Staatsgewalt. In einer anderen Kneipe findet er die ihm vertrauten Pferdeställe nicht mehr. Die dort verkehrenden Jugendlichen verulken den alten Mann, machen ihm aber auch klar, daß er seinen Traum von den fröhlichen Fuhren kaum verwirklichen können wird, denn das Pferd ist zu alt, außerdem gibt es Autos und Busse als Verkehrsmittel. So bringt der Alte das Pferd schließlich auf den Schlachthof und wirft anschließend – eine einstweilige Abschiedsgeste – Halfter und Pferdedecke in den Fluß.

Auf dem Weg zurück ins Dorf trifft er den Brigadier, der besorgt nach ihm Ausschau gehalten hatte. Nicht nur die menschliche Anteilnahme des Brigadiers verspricht Hoffnung für die Zukunft; der Alte und der autofahrende Brigadier entdecken ihr gemeinsames Interesse; beide sind Pferdenarren. Der alte Mann beschließt nun nach Ausführung seines Auftrags, erneut ein Pferd zu kaufen. Damit erhält die Erzählung einen optimistischen Schluß; Vetter, der schon vorher die Alternative Selbstmord – in die Erzählung eingeführt durch die Kontrastfigur des alten Jakob – abgelehnt hatte, hat jetzt einen neuen, nicht mehr ausschließlich auf dem Eigentumsbegriff beruhenden Lebensinhalt gefunden. Darüber hinaus scheint sich eine Versöhnung der Gegensätze in der angedeuteten Koexistenz des Alten und des Neuen, der Pferde und der Traktoren, anzubahnen.

Das Szenarium hält sich im wesentlichen an die Vorlage; das filmische Mittel der Rückblende und die Einführung des Alter ego des alten Mannes, des um fünfzehn Jahre jüngeren Vetters, vergegenwärtigen die Vergangenheit. Durch das gleichzeitige Auftreten des alten Mannes und seines jüngeren Ebenbildes wird die in der Erzählung im Bewußtsein der Hauptfigur vorhandene Simultaneität visuell demonstriert. Dabei werden die Wertakzente deutlich zugunsten des alten Mannes gesetzt: als alter Mann ist er ein ,,originaler Typ . . . von unbewußter Würde", als Vetter ist er ,,hastig, zuweilen hysterisch." (AM, 137) Die Konflikte zwischen dem gereiften, einsichtsvollen Mann und seinem unbesonneneren Alter ego werden zuweilen auf handgreifliche Weise ausgetragen. Vor dem Tor des Schlachthofs, wo der alte Mann durch eine Umkehr mit dem Pferd die letzte Chance zur Realisierung seines Traums hat, kommt es ,,zu einem stummen, verzweifelten Gezerre. Zuletzt versetzt der alte Mann Vetter einen Schlag, daß er an die Mauer fällt und zu Boden rutscht." (AM, 164) Das Pferd wird seiner Bestimmung zugeführt; der endgültige Abschied vom Wunschdenken des Pferdebesitzes und der fröhlichen Fuhren bedeutet auch einen endgültigen Abschied vom früheren Selbst. Der Vetter ertränkt sich, der illusionslos gewordene alte Mann jedoch schreit auf einen Zuruf, daß er am Ende der Stadt angelangt sei, sein trotziges Dennoch heraus: ,,Dahin will ich, bis ans Ende will ich. ... Und noch weiter!" (AM, 166) Das Szenarium endet mit einer ironisch-ambivalenten Pointe. Der um den Alten besorgte und nach ihm Ausschau haltende Brigadier ist mit seinem Auto in einer Schneewehe steckengeblieben; der Traktor, der das Auto herausziehen sollte, versagt. Der abschließende, geknurrte Kommentar des Brigadiers: ,,'n Pferd müßte man haben." (AM, 167)

Der in der Erzählung angedeutete Kompromiß zwischen Altem und Neuem ist im Szenarium weniger ausgeprägt; die durch die sozialistische Umgestaltung der Landwirtschaft bewirkte Technisierung hat die Pferde fast völlig verdrängt. Im Unterschied zur Erzählung ist im Szenarium das Pferd, das der Alte zum Schlachthof bringen soll, das letzte: ,,Da steht der Braune und sieht sich nach ihm um. Er ist das *einzige* Pferd im Stall, der ansonsten den Schweinen gehört." (AM, 142) Auch das Problem des Alterns und der sich als Folge einstellenden Vereinsamung ist im Szenarium schärfer gefaßt – obwohl nur durch leichte Akzentverschiebungen. In der Anfangsszene liegt der alte Mann ,,wie tot" in seinem Bett, und der Hof macht einen ,,toten Eindruck" (AM, 137). Leichte Nostalgie wird spürbar in der Beschreibung des alten Hauses, ,,das schon Zeichen des Verfalls hat, das vereinsamt ist und doch voll von Gegenständen, die einmal ihren Zweck hatten und benutzt worden sind." (AM, 137) Ein ähnlicher Ton macht sich bemerkbar in der szenischen Anweisung über die alte Stadt, ,,die langsam ihr Gesicht verliert." (AM, 159) Von vorwärtsweisendem Optimismus ist das Szenarium weiter entfernt, als die Erzählung, die ebenfalls den Kontrast zwischen dem in einem textinternen Leserbrief an das ‚Neue Deutschland' zitierten ,,sozialistischen Frühling in der Landwirtschaft" (S. 35; AM, 144) und der unerfüllten Existenz des alten Mannes durch ihren optimistischen Schluß herunterspielt. Der Einwand eines DDR-Kritikers zielt auf einen ähnlichen Sachverhalt: ,,... die Szenen um die LPG-Agitation erscheinen, vor allem durch eine ungenügende Charakterisierung der Frau, flacher ... als in der Erzählung."[172] Die beanstandete Stelle klingt harmlos genug;

es ist schwer einzusehen, warum naive Überzeugungen unbedingt negativ sein müssen: „Das Mädchen im Blauhemd, dunkelblauem Rock, FDJ-Jacke der Zeit um sechzig. Sie ist ganz jung und naiv überzeugt von sich und der Sache." (AM, 138)

Obwohl die Kritik an der Aussparung einer in der Erzählung vorhandenen Dimension der Vergangenheit, der des Dritten Reiches und der Judenverfolgung, zu Recht besteht, dürfte es nicht das mit den Mitteln des Films nicht ganz befriedigend zu lösende „schwierige Problem ..., das permanente Selbstgespräch des Helden, seine Innenwelt der Erinnerungen und damit den Prozeß der Selbsterkenntnis und Entscheidung sichtbar, darstellbar zu machen", gewesen sein,[173] das die Realisierung des Films verhinderte. Es ist schließlich keineswegs „unerheblich", „ob die Geschichte als solche, ihre derzeitige Fassung oder einfach Produktionsrelationen" zur Aufgabe des Filmprojekts führten.[174] Man kann vielmehr mit einiger Sicherheit annehmen, daß die ungewöhnliche Geschichte mit einem ungewöhnlichen, nicht völlig angepaßten Helden nur in einer gegenüber der potentiellen Breitenwirkung des Films „heruntergestuften" Druckfassung tolerierbar war.

6. ‚Buridans Esel‘

Es ist nicht überraschend, daß Plenzdorf Günter de Bruyns Roman ‚Buridans Esel‘ (1968) „ungeheuer" schätzt.[175] Denn in seinem „Liebes-, Frauen-, Ehe-, Moral-, Bibliothekars-, Sitten-, Gegenwarts-, Gesellschafts-, Berlinbericht",[176] der in der DDR Bestsellerstatus erreichte, nimmt de Bruyn eine Demaskierung jener durch Halbwahrheiten und Lügen kaschierten Anpassungsmechanismen vor, die in der „sozialistischen Menschengemeinschaft" der DDR der sechziger Jahre den Arrivierten kennzeichneten. Er greift damit das Thema der Dialektik von Anpassung und Nichtanpassung auf, das auch bei Plenzdorf spätestens seit dem Filmszenarium ‚Karla‘ im Vordergrund steht; wie Plenzdorf versucht de Bruyn die Rolle des

Individuums im Alltag der sozialistischen Gesellschaft zu definieren.

In seinem Roman bedient sich de Bruyn einer konventionellen Dreiecksgeschichte, die aber unverkennbar in der DDR angesiedelt ist. Wie der Esel des aus dem 14. Jahrhundert stammenden französischen Scholastikers Jean Buridan zwischen zwei duftenden Heubündeln, so schwankt der vierzigjährige Leiter einer Ostberliner Stadtbezirksbibliothek, das SED-Mitglied Karl Erp, zwischen zwei Frauen hin und her. Im Gegensatz zu Buridans Esel – der Titel wird von einem an der ,,einschlägigen Berufskrankheit" der ,,Polyhistoritis oder Universalitätsmanie" erkrankten Bibliothekar erklärt (S. 196) – verhungert Erp nicht. Sein vorübergehendes Sich-nicht-Entscheiden-Können hat keinerlei negative Folgen für seine Karriere.

Die behagliche Idylle Karl Erps, der im Eigenheim an der Spree in einem der Vororte Berlins wohnt, wird eines Tages durch eine junge, schöne, aber kühle Bibliothekspraktikantin namens Broder gestört: ,,Sie ist das intellektuellste und anstrengendste Mädchen, das ihm bisher über den Weg gelaufen war, mit scharfem, oft vorschnellem Urteil, gebildet, aber unweise, intolerant aus Lebensunerfahrenheit, Musterexemplar einer nächsten Generation, die man so nicht mehr versteht, weil sie in anderer Umwelt, mit anderen Büchern groß geworden ist." (S. 43) Erp verliebt sich in sie, beginnt sich unter Aufopferung seiner gemütlichen Abende im Kreise seiner Familie um sie zu bemühen, ohne aber dem Ziel seiner Wünsche näherzukommen. Fräulein Broder ist anfangs ausschließlich an intellektuellen Diskussionen über die verschiedensten Themen interessiert: ,,Berlin natürlich und Bibliotheksprobleme, Urlaubswünsche, Christa Wolf, Kulturpolitik, Enzensbergers Katechismus, Reiner Kunzes Lyrik, die Deutschen, die Preußen, die Mauer, Leserpsychologie, zeitiges Aufstehen, die Atombombe, Pfefferminztee, Sport- und Sportenthusiasten, Frau und Beruf, der Spießer, Katalogsysteme, Johnnie Walker und Kleingärtner und DEFA-Filme und Bundeswehr" (S. 42).

Fräulein Broder erschreckt den gutsituierten Erp sogar mit

verfänglichen und nicht leicht zu beantwortenden Fragen, etwa: „Warum sind Sie in der Partei?" (S. 46) Ihr erster Eindruck von Erp ist Enttäuschung über die Diskrepanz zwischen den von der Literatur propagierten abstrakten Leitbildern und Vorbildfiguren und den realen Schwächen der zum Denkmal hochstilisierten Menschen. Sie war, bemerkt der Erzähler, „ein Kind unserer Zeit, unserer Zeitungen, unserer Schule, unserer Literatur, hatte also gelernt, daß bedeutende Menschen weder Warzen haben noch die Zeit verschlafen, noch irren können" (S. 47–48). Verständlicherweise fällt ihr Urteil über Erp, den sie wegen einiger Artikel in Fachzeitschriften schätzen gelernt hat, vernichtend aus: „dieser Kraftmeier, dieses Ekelpaket aus Eitelkeit, Großmannssucht und Egoismus, dieser saturierte Wohlstandskommunist, dem zu Haus und Auto noch die Geliebte fehlte" (S. 103).

Dabei ziehen Erp nicht ausschließlich sexuelle Gelüste zu Fräulein Broder. Er fühlt sich durch sie an seine Jugendideale erinnert, die ihm im Laufe seiner Karriere abhanden gekommen sind: „Ja, Arbeit in einem abgelegenen Kreis, das wäre eine Aufgabe! Das war nicht nur Arbeit mit Literatur, das war vor allem Arbeit mit Menschen, sichtbare, überprüfbare Arbeit; das war, als wenn man in eine Brache den Pflug setzt und nach jeder Kehre das Geschaffene überblicken kann. ... Wer erlebt denn schon mal die unmittelbare Wirkung von Literatur?" (S. 23) Als Fräulein Broder allmählich ihre kühle Unnahbarkeit aufgibt, weil Erp seine Don-Juan-Allüren hat fahren lassen, verläßt er sein behagliches Heim und seine duldsame Gattin, die er so behandelt hatte, wie er seine jüngere Geliebte nicht behandeln kann, nämlich „als Objekt, als Bettinhalt, Dienerin, Bewunderin, Gebärerin, Heimzierde oder Schmuckstück" (S. 113).

Die Zustände in Fräulein Broders Einzimmerwohnung in einer uralten Berliner Mietskaserne sind dem belesenen Erp wohl aus der Literatur bekannt; die Kenntnis der einschlägigen Literatur hilft ihm aber nicht bei der Bewältigung seiner neuen Lebensumstände. Der von ihm zitierte Anfang eines Gedichts von Arno Holz aus dem ‚Phantasus', eines der ersten Gedichte über die vom Naturalismus als literarisches Sujet entdeckte Großstadt, schildert eine Wohnungssituation, deren Spuren im Sozialismus noch keineswegs überwunden sind: „Ihr Dach stieß fast bis an die Sterne, / vom Hof her stampfte die Fabrik, / es war die richtge Mietskaserne / mit Flur- und Leiermannsmusik / im Keller nistete die Ratte / ..." (S. 37). In der engen Altbauwohnung muß Erp auf einer Luftmatratze kampieren, wenn er nicht gerade im Bett von Fräulein Broder seine Liebesübungen absolviert. Am Morgen wird er von den stampfenden Geräuschen einer Druckerei geweckt, der Gang zur Toilette, einem Gemeinschaftsklo außerhalb der Wohnung, wird zu einem von den Nachbarn kontrollierbaren Ereignis, die Morgentoilette findet über der Küchenspüle statt – falls nicht WC und Wasserleitung wegen Rohrbruchs oder Abflußrohrverstopfung außer Betrieb sind. Kurz, die durch Holz' Gedicht induzierte Stimmung verfliegt schnell, „wenn morgens um vier die Druckerei im Nebenhaus die Wände zittern läßt, wenn durch die Decke, nahe der Außenwand, Tauwasser sickert, ... wenn nachts Mäuse und Ratten über den Boden jagen, in den Wänden nagen, wenn Sturm mit losen Dachrinnen Blechlärm schlägt, die Kneipe gegenüber jede Mitternacht liederfrohe Männer entläßt und schwacher Gasdruck am Morgen Kaffeekochen zum Geduldsspiel macht." (S. 139)

Hinzu kommt, daß Fräulein Broder – auch das unterscheidet sie von Erps Frau – alles andere als eine perfekte Hausfrau ist, da sie Putzen, Frühstückstischdecken und dergleichen keine Bedeutung beimißt. So kommt es, daß das erträumte „Glück im Hinterhaus" (S. 101) – das ist der ironische Titel des Plenzdorfschen Szenariums für den unter der Regie von Herrmann Zschoche verfilmten Roman de Bruyns (1980) – nicht von Dauer ist, sondern den Alltagsunersprießlichkeiten zum Opfer fällt. Ein Seitensprung ist in der DDR natürlich keine Privataffäre; Behörden und Partei beginnen sich mit Erps Fall zu beschäftigen, bei dem ja auch die Frage der Stellung des Chefs zu einer von ihm angestellten Praktikantin zu berücksichtigen ist.

Nach einigen Komplikationen ist es schließlich Fräulein Broder, die ihren Idealen, die auch einmal die Erps waren, treu bleibt und zur Bibliothekarsarbeit aufs Land geht. Erp dagegen wird in einer Szene voller Ironie durch den aus Brechts ‚Dreigroschenoper' bekannten „reitenden Boten" gerettet; er stolpert nach oben, denn ihm wird eine Stelle im Ministerium angeboten. Erp rechtfertigt seine Heimkehr zur Familie mit moralischen Gründen, „bei deren Erläuterung die Wörter Familie, Pflicht, Kinder, Verantwortung häufig" vorkommen (S. 196). Daß diese Moral höchst fadenscheinig ist und lediglich die Rückkehr des korrumpierten Wohlstandskommunisten zu dem von ihm gewohnten Lebensstandard bemänteln soll, spricht eine der Figuren des Romans deutlich aus: „Es gibt eine Art moralischen Handelns, bei der die Moral in die Binsen geht!" (S. 196)

Der sich auktorial gebärdende Erzähler nimmt selbst Stellung, indem er einen hypothetischen Schluß erfindet, in dem der heimkehrende Erp von seiner Familie abgewiesen wird. Die Insistenz des Erzählers auf einem faktischen „Bericht" anstelle eines fiktionalen „Romans" zwingt ihn aber zur Schilderung eines Schlusses, der „leider weniger schön, weniger eindeutig, weniger gerecht" ist (S. 197). Die Leser, die die von Frau und Kindern begrüßte oder akzeptierte Rückkehr Erps in den Schoß der Familie als „einen Sieg der Moral" betrachten, fragt der „Schreiber": „War es das wirklich?" (S. 198) Immerhin hat Erps Frau Elisabeth, die sich vor Erps Affäre in „Zurückhaltung, Ehrgeizlosigkeit, Anpassungsfähigkeit oder gröber gesagt: Bereitschaft zum Dienen" geübt hatte (S. 172), durch ihre Eingliederung in den Arbeitsprozeß eine bescheidene Emanzipation vollzogen. Ihre Gedanken beschließen den Roman: „Scheußlich, einen Fremden im Haus zu haben! Oder: Warum soll sich ein Mensch nicht ändern können? Konnte ich es nicht auch?" (S. 200)

Die vage angedeutete Möglichkeit einer Änderung Erps, die zu einem partnerschaftlichen Verhältnis der beiden Ehegatten führen könnte, mindert das gesellschaftskritische Moment, das in der gezeigten Belohnung der Anpassung steckt, nur geringfügig. Plenzdorf, der unangepaßte Figuren wie Karla, Edgar Wibeau, Paul und Paula in den Mittelpunkt der Handlung stellte, betrachtete sich „absolut als Bearbeiter des Romans von de Bruyn", dem er „nichts an Kommentaren, an Interpretationen" hinzufügte, „was über de Bruyn hinausgehen würde."[177] Die etwa seit 1974 vorliegende Bearbeitung, die bisher nicht im Druck erschienen ist, folgt im wesentlichen der Handlungsführung des Romans. Für die Bühnenfassung in 46 Kurzszenen, die Ende 1975 in Leipzig eine von der DDR-Presse wenig kommentierte Uraufführung erlebte, wurde auf einer Simultanbühne gespielt. Es wurde „eine Parallelhandlung, eine Handlung auf zwei Ebenen" vorgeführt, die die Möglichkeit bot, „Zeitsprünge zu machen, ohne große Umbauten und Vorhänge und dergleichen."[178] Es folgte eine stärker beachtete Hamburger Inszenierung im Sommer 1976; die wohl ursprünglich als Filmszenarium konzipierte Bearbeitung kam erst nach einer mehrjährigen Pause 1980 in die Kinos. Nach den großen Publikumserfolgen der ‚Neuen Leiden' und der ‚Legende von Paul & Paula' kam die geringe Resonanz der Bühnenbearbeitung von ‚Buridans Esel' etwas unerwartet.

Kritiker in Ost und West waren sich zumindest in einem Punkt einig: die Bearbeitung erreichte nicht das literarische Niveau des Romans. Der Rezensent der Ostberliner ‚Tribüne' monierte, daß Plenzdorf nur die „Oberflächenschicht des Romans" erfasse;[179] der Westberliner ‚Tagesspiegel' bemerkte über die Hamburger Aufführung, daß sich der „nichtssagende Mief einer tausendmal gehabten Seitensprung-Story" auf der Bühne verbreite.[180] Der Vergleich mit Plenzdorfs eigenen Werken, der Bühnenversion der ‚Neuen Leiden' und dem Film über Paul und Paula, fiel fast immer zuungunsten der Romanbearbeitung aus, die keinen problematischen, letalen, fast tragischen Ausgang hatte. Während Plenzdorf in den beiden genannten Werken den Tod der Protagonisten als „hohes Risiko" bezeichnet, das man eingehen müsse, „wenn man sich im Interesse der Gesellschaft selbst verwirklichen will",[181] geht die Hauptfigur von ‚Buridans Esel' ein sehr geringes Risiko ein. Das ,,Sterben" von Erps Liebe zu Fräulein Broder, das Plenzdorf mit dem tatsächlichen Sterben eines Menschen gleichsetzte,[182] hat im Kontext der Romanvorlage und in der szenischen Verdeutlichung der Bühnenbearbeitung keine tragischen Implikationen. Denn der Bearbeiter Plenzdorf übernahm den doppelten Schluß der Vorlage, wodurch gerade nicht Erps ,,Größe seiner außerehelichen Liebe", in der er sich ,,zum Helden der eignen Sage ..., zum Heroen, zum Halbgott" hinaufstilisiert (S. 199), betont, sondern die Schäbigkeit seiner erneuten Anpassung um der Bequemlichkeit willen kritisiert wird. Es ist vielmehr Fräulein Broder, die weiß, ,,daß Glückssuche immer mit Risiko verbunden ist", und dieses Risiko nicht scheut (S. 169). Ihr Weg ,,in die selbstgewählte Verbannung" aufs Land (S. 191) ist konsequent und folgerichtig; er entspricht dem vom arrivierten Erp proklamierten, aber nicht befolgten sozialistischen Ethos.

Diese Konsequenz der Handlungsweise findet sich nicht bei Edgar Wibeau; Plenzdorf wertete aber die angehende Bibliothekarin ,,zu einem weiblichen Gegenstück zu Werther-Wibeau" auf.[183] Für die ausgeprägte Vorliebe der Bühnenfigur für Beat gibt es im Roman immerhin einen schwachen Anhaltspunkt. An einer Stelle ruft Fräulein Broder in komischer Verzweiflung aus: ,,Wie kann man einen Mann lieben, der nur dreimal im Jahr ins Kino geht, keinen Beat mag und Silvester die Funk-Neunte hört!" (S. 127) Daß Plenzdorf seine Bühnenfigur Jargon sprechen läßt, stellt eine einschneidende Änderung gegenüber dem Roman dar, denn ein gepflegtes, akzentfreies Hochdeutsch gehört zum intellektuellen Habitus der Jungbibliothekarin: ,,Ihr Hochdeutsch (das nichts von Herkunft, Milieu, Berlinbewußtsein ahnen ließ) war ... makellos wie immer, ohne Dialekteinschlag, sauber, klar, fehlerlos, gereinigt, poliert" (S. 77). Die Erklärung für Plenzdorfs Vorgehen liegt wohl in seiner Absicht begründet, ein mit Edgar Wibeau erprobtes Erfolgsrezept zu wiederholen und eine weibliche Identifikationsfigur für die Jugend zu schaffen.

Die Rezensenten der Hamburger Aufführung vermißten im allgemeinen die im Roman vorhandene gesellschaftskritische Komponente. Die Kritik ist weniger auf die enttäuschte Erwartung eines offenen oder verkappten Dissidentenstücks zurückzuführen als darauf, daß der komplexe Roman auf die reine Fabel reduziert worden war: „wie rücksichtslos Plenzdorf alles streicht, was den Roman schreibens- und lesenswert gemacht hat, wie er den kunstvollen Wechsel von Dialog und indirekter Rede zum Austausch von Sprechblasen versimpelt ... das ist schon ärgerlich und wird paradox, wenn er seine Figuren fast völlig aus ihrem historischen und gesellschaftlichen Zusammenhang herausnimmt, wenn Genre und Ambiente fehlen und nur die krude Fabel bleibt."[184]

Das im Roman in fast naturalistischer Manier beschriebene und im Film gezeigte Hinterhausmilieu fiel in der Bühnenfassung der nichtillusionistischen Simultanbühne zum Opfer; die historische Dimension des Romans, in dem der Autor weit ausholend die Geschichte Berlins einbezieht, konnte in den Kurzszenen der Bühnenfassung kaum berücksichtigt werden. Trotz wörtlicher Übernahme einiger provozierender Kernsätze, wie dem von der bei gewissen moralischen Handlungen in die Binsen gehenden Moral, blieb ein wesentlicher Aspekt der subtilen, sich in der Reflektion über die Funktion der Literatur äußernden Gesellschaftskritik des Romans in der Bearbeitung weitgehend ausgespart. Die zahlreichen komplexen literarischen Anspielungen im Roman des ehemaligen Bibliothekars de Bruyn – von Eichendorff und Chamisso über Holz, G. Hauptmann, Fontane bis zu Brecht und der DDR-Literatur – bieten verschiedene Interpretationsmuster der Wirklichkeit an und beinhalten letztlich den Zweifel an einem allgemeinverbindlichen Interpretationsmodell. So mokiert sich der Erzähler über das Vorherrschen der Planer- und Leiterfiguren in der DDR-Literatur der sechziger Jahre und empfiehlt ironisch die Wiederentdeckung einer Proletarierin wie Hauptmanns Mutter Wolffen aus dem ‚Biberpelz'. Weiterhin läßt er Fräulein Broder fragen, ob die „Darstellung des Moralischen wirklich zur Moralität erziehe" (S. 49) – eine durchaus berechtigte Frage angesichts der nur in der Literatur anzutreffenden Vorbildfiguren ohne menschliche Schwächen. Die Problematisierung der Wirkung von Literatur, deren Erforschung mittels der Literatursoziologie in der DDR lange suspekt war, liest sich in der Bearbeitung von Plenzdorf, dessen unkonventionelle Protagonisten weder Vorbildfiguren sind noch sich im allgemeinen für empfohlene Vorbildfiguren interessieren, wie folgt: ,,Trotzdem weiß ich immer noch nicht, wie Bücher denn nun wirken. Gute – gut? Schlechte – schlecht? Machen positive Helden positiv – negative negativ? Zieht jeder kritische Satz gleich 'ne ganze Konterrevolution nach sich?"[185]

Schließlich dient dem urbanen, am Plauderton Fontanes geschulten Erzähler die mitnichten ,,alberne Feststellung"[186] des Unterschiedes zwischen ,,Roman" und ,,Bericht" zur Legitimation des Wahrheitsanspruchs des Erzählten; der nicht mit den Geboten sozialistischer Moral in Einklang zu bringende ,,Bericht" vom Verhalten des Genossen Erp wird in ironischer Verkehrung des in der ,,Ankunftsliteratur" verbindlichen positiven Schlusses ausdrücklich den ,,Wirklichkeitsfanatikern ... Abbildtheoretikern ..." (S. 113), die man unschwer mit den Vertretern der Prinzipien des sozialistischen Realismus gleichsetzen kann, empfohlen.

Wenn auch der Versuch Plenzdorfs, den Roman de Bruyns einem größeren Publikum durch die Bühnenbearbeitung näherzubringen, als nicht sehr gelungen betrachtet werden muß – der Film ,Glück im Hinterhaus', obwohl zur ,,vordergründigen Kinounterhaltung" tendierend,[187] dürfte erfolgreicher gewesen sein –, beweist Plenzdorfs Fortführung von Themen wie denen der Verspießerung von angepaßten Karrieristen und der immer stärker um sich greifenden Konsumideologie, daß die Begegnung des Bearbeiters mit dem Roman nicht unfruchtbar verlief.

7. ‚Legende vom Glück ohne Ende'

Die 1979 erschienene ‚Legende vom Glück ohne Ende' ist eine Fortschreibung der Filmerzählung ‚Die Legende von Paul & Paula', die die Handlung nach dem Tod Paulas weiterführt und damit Paul zur Hauptfigur in diesem bisher umfangreichsten Werk Plenzdorfs macht. Zum Teil bedingt durch die Erfordernisse eines anderen Mediums ergeben sich über die bloße Fortführung der Handlung hinaus einige Unterschiede zur Filmerzählung und zum Film: die Einführung eines Erzählers, eine extensivere Motivierung und größere Detailfreudigkeit und schließlich ein stärkeres Hervortreten der kritisch-analytischen Perspektive, die schon in der Romanfassung der ‚Neuen Leiden' dominierender ist als in den anderen Fassungen.

Nach dem Tode Paulas befindet sich Paul in einer schweren Krise; er leidet unter der fixen Idee, daß er nicht nur mit ihr kommunizieren kann, sondern daß sie schließlich sogar wiederauferstehen wird. In dieser Idee wird er zunächst durch das Auftauchen einer Paula völlig ähnlich sehenden Frau bestärkt. Die neue Paula ist Laura, die trotz ihrer äußerlichen Ähnlichkeit mit Paula völlig gegensätzliche Anschauungen vertritt. Während Paula ihre ,,ganze alte Traumwelt, mit Herz, Vertrauensseligkeit, Mitleid" (LG, 76) nie wirklich vergessen konnte, vertritt Laura eine realistische, pragmatische Haltung. Sie zieht zu Paul, der nach dem Abbruch des Altbaus in der Singerstraße, wo sich Paulas Wohnung befunden hatte, in einem Hochhaus untergekommen ist. Obwohl Laura Pauls und Paulas Kindern eine gute Mutter ist, muß Paul bald seine Illusion aufgeben, daß es sich bei Laura um eine wiederauferstandene Paula handelt. Unter ihrem Einfluß gewöhnt er sich schließlich wieder an ein ,,regelmäßiges" Leben und bewirbt sich bei seiner alten Dienststelle, die er verlassen hatte, um mit Paula zusammen in der Kaufhalle arbeiten zu können. Seine Wiedereinstellung erfolgt überraschend glatt, da sein alter Kumpel inzwischen Abteilungsleiter geworden ist und ihm alle Schwierigkeiten aus dem Weg räumt. Paul scheint wieder an seinem Aus-

gangspunkt angelangt zu sein und erneut die Rolle des angepaßten Karrieristen zu spielen. Doch ist die Zeit des Zusammenlebens mit Paula nicht spurlos an ihm vorübergegangen; er verfügt jetzt über ein wesentlich kritischeres Bewußtsein und kann auf dem einmal beschrittenen Weg „von der Überanpassung ... zur Nichtanpassung" (LG, 86) nicht mehr umkehren.
Selbst die scheinbare Wiederanpassung Pauls ist nicht von Dauer; als er darüber aufgeklärt wird, daß Laura ihn hintergangen hat, ist die Schockwirkung dieser Nachricht sehr groß. Als Folge dieses Schocks hat Paul einen Unfall, der zur Querschnittslähmung führt. Was Paul so schockierte, war die Mitteilung, daß Laura seine Reintegration „im Auftrag" der Behörde und seines Kumpels ausgeführt hatte, obwohl Laura später ebenfalls aus Liebe handelte. Jedenfalls gehört Paul jetzt zur Randgruppe der physisch Behinderten und erfährt aus eigener Anschauung das Los dieser von der Gesellschaft ignorierten Menschen. Aber mit eisernem Fleiß arbeitet Paul an sich; es gelingt ihm, seine Verdauungsfunktion unter Kontrolle zu bringen, seine sexuelle Potenz zurückzugewinnen und wieder eine in seiner Sicht nützliche und produktive Arbeit in Paulas Kaufhalle zu vollbringen. Unterhalb der Knie bleibt Paul jedoch gelähmt. Er muß daher seinen Traum aufgeben, „vor Laura auf eigenen Beinen, aus eigener Kraft hinzutreten und ihr zu sagen, daß er sie nicht will, und warum er sie nicht will." (LG, 318) So wird Paul von Laura geheiratet; nach der Hochzeit unternimmt er einen letzten Akt der Verweigerung, indem er sich der ihn vereinnahmenden Laura entzieht und spurlos verschwindet. Der Schluß bleibt offen; angesichts Pauls radikaler Zurückweisung der Maxime von den nicht deckungsgleichen „Idealen und der Wirklichkeit" (LG, 317), die noch in der Filmerzählung als Fazit gelten konnte, verweist der letzte Satz auf einen bisher nur im Bereich der Legende und Utopie zu verwirklichenden Glücksanspruch, der ohne die physische und geistige Verkrüppelung des Individuums erreicht wird: „Aber nirgendwo ist ein Paul mit Krücken oder auf Knien gesehen worden." (LG, 319)

Erzählt wird die Geschichte aus der Sicht eines alten Berliners oder einer alten Berlinerin.[188] Der nicht näher identifizierte Erzähler kennt Paul und Paula von Kindesbeinen an und ist Augen- und Ohrenzeuge aller wichtigen Vorkommnisse in ihrem Leben, da er zuerst in Paulas Altbau und nach dessen Sprengung in dem gleichen gesichtslosen Hochhausneubau wie Paul wohnt. Gelegentlich tritt der Erzähler als Mithandelnder auf, zum Beispiel, als er Saft Paulas dann widerrufene Einwilligung zur Hochzeit überbringt oder Paul das Beil leiht, mit dem er sich Zugang zu Paulas Wohnung verschafft. Eine solch enge Beziehung schafft eine über ein gutnachbarliches Verhältnis hinausgehende Intimität, die die von liebevoller Anteilnahme geprägte Erzählperspektive determiniert. Obwohl der Erzähler, der sich hinter Floskeln wie ,,meine Person" verbirgt, im allgemeinen keine Wertung der Vorgänge vornimmt, besteht er auf der ,,Wahrheit" seiner Erzählung im Unterschied zu den zahlreichen Ausschmückungen der ,,Legende", die sich schon in einem frühen Stadium um ,,Paulundpaula", wie sie bald wegen ihrer Unzertrennlichkeit genannt werden, zu ranken beginnt. So dementiert der Erzähler die ,,Legende", daß Paul Paula nach dem Tod ihres Jungen, als sie nicht auf seine Annäherungsversuche reagierte, mit seiner Dienstpistole bedroht habe und sie als Geisel entführen wollte: ,,In Wahrheit ist nichts weiter gewesen, als daß Paul für zwei Sekunden tatsächlich die Nerven verlor und losbrüllte. Aber eingegriffen hat niemand. Es ist nicht so ungewöhnlich, daß jemand in der Kaufhalle die Nerven verliert." (LG, 75) Die Verwendung legendenhafter Unwahrscheinlichkeiten und Übertreibungen ist nicht bloß ein künstlerischer Trick, der es Plenzdorf erlaubt, ,,alle Register seines schier unerschöpflichen Witzes" zu ziehen;[189] vielmehr dient der Wahrheitsanspruch des Erzählers und die Zurückweisung allzu phantastischer Ausschmückungen der Absicht Plenzdorfs, die ohnehin ,,wunderbare" Geschichte als ein Gegenmodell zur tristen Wirklichkeit zu entwerfen, das dieser Wirklichkeit einen Spiegel vorhält und verändernd auf sie einwirkt.

Zur Verankerung in der Wirklichkeit tragen die topographischen und lokalhistorischen Kenntnisse des Erzählers bei, dessen Generationserfahrung in einem historischen Bewußtsein resultiert, daß das der Nachkriegsgeneration von Paul und Paula transzendiert. Berlin, seine Menschen und seine Geschichte sind immer in die Erzählung miteinbezogen; die ‚Legende vom Glück' ist somit auch ein Berlinroman. Bereits der Eingangsparagraph macht auf diesen Sachverhalt aufmerksam: „HIER HABEN sie gewohnt. Hier auf der Singerstraße. Und nicht, wie manche erzählen, auf der Kraut oder auf der Blumen. Oder in Prenzlauer Berg oder Weißensee. Oder am Ende in Lichtenberg. Welche sagen in Werneuchen. Hier auf der Singerstraße haben sie gewohnt, in Friedrichshain. Genau hier stand ihr Haus, genau da, wo jetzt die picobello Kaufhalle steht, und genau daneben standen andere von der gleichen Sorte. Und da, wo jetzt die Telefonzelle steht, stand die alte grüne Pumpe aus Guß, wo sie schon als Kinder gespielt haben und wo fünfundvierzig die ganze Singerstraße Wasser geholt hat." (LG, 7)

Obwohl die Handlung, von einer Episode abgesehen, auf Ostberlin beschränkt ist, gibt der Erzähler seiner Trauer über die Teilung der Stadt subtilen Ausdruck, als er einen Konzertbesuch Paul und Paulas auf dem Bunkerberg im Friedrichshain beschreibt, „von wo man ganz Berlin sehen kann, alle Kirchen, alle Türme, Funkturm, Gaswerk, Fernsehturm und den Stern am Zoo und Müggelturm . . . ." (LG, 40) Auch Paul hat zweimal Gelegenheit, sich zu einem ausgezeichneten Berlin-Kenner zu entwickeln. Als krankgeschriebener Gesunder – ein Zustand, der es ihm erlaubt, Paula abends und nachts vor ihrer Wohnung zu belagern – erwandert er sich Berlin und nimmt erstmals wahr, wie viele Rentner in Berlin leben. Da Pauls Sicht weniger von musealem als sozialem Interesse bestimmt ist, spielt er mit dem Gedanken, eine „‚komplette Beschreibung der Berliner Fußgängerwelt als solche' zu liefern, ‚inbegriffen ihre sozialen, psychologischen, geographischen, meteorologischen und generationsmäßigen Hintergründe'." (LG, 91) Paul bleibt nicht bei der deskriptiven Erfassung einer sozialen Randgruppe stehen; später geht er zur aktiven Hilfeleistung für die von der Gesellschaft Benachteiligten über. Als er dann selbst zur Gruppe der physisch Behinderten gehört, lernt er die Stadt aus einer ganz neuen Perspektive kennen; wie für alle Gebrechlichen ergeben sich für ihn anfänglich große Probleme bei der Fortbewegung, die er schließlich mit Hilfe seines „Beidhänders", eines für den Straßenverkehr umgebauten Rollstuhls, überwindet.

Als Invalide kann Paul auf seine Weise die Ganzheit Berlins erfahren. Ihm gelingt mit seiner problemlosen, ohne Ausweiskontrolle verlaufenden Grenzüberschreitung in der Invalidenstraße eine Tat, die keineswegs einfach nachzuvollziehen ist: „Als Paul kommt, ist das Tor weit offen, die Ampel steht auf Dauergrün, nur der Schlagbaum ist unten. Paul sieht dem Posten entgegen, der Posten sieht Paul an. Er beugt sich aus seinem Fenster, zugleich geht der Schlagbaum hoch. Der Posten lächelt Paul an, Paul lächelt zurück. Der Posten sagt: ‚Aber nach eins machen wir zu, klar?' ... Paul sagt: ‚Ist klar.' Er fährt los." (LG, 310) Die durch einen weißen Strich markierte Grenze ist für Paul schließlich nicht mehr als eine willkürlich gezogene Linie, die keine mit der Abgrenzungsideologie der DDR befrachtete Bedeutung besitzt: „Paul fährt über den weißen Strich und hat keine Zeit sich zu merken, was er in dem Moment fühlt. Als er den weißen Strich sieht, denkt er noch, daß er entweder nicht drüber kommt oder wenn doch, daß ihm der Strich durch und durch gehen wird. Aber als er drüber fährt, fühlt er nichts. Es ist einfach ein weißer Strich, wie es viele auf den Straßen gibt und wie man tagtäglich über einen wegfährt oder -geht." (LG, 310)

Der Erzähler berichtet mit einer gewissen Nostalgie von Paul und Paulas glücklicher Zeit im alten, geschichtsträchtigen Wohnviertel in der Singerstraße, das stark mit den gesichtslosen, nicht organisch gewachsenen Neubauvierteln kontrastiert. Die Einbringung der Kritik an dem vom Quantitätsdenken determinierten sozialistischen Wohnungsbau, bei dem Fragen der Ästhetik und des Umweltschutzes fast völlig unberücksichtigt bleiben, reflektiert ein alternatives Interesse an Wohnbauten, in denen die Anonymität der Großstadt überwunden und eine neue Form des menschlichen Zusammenlebens praktiziert werden kann.

Eine zusätzliche Erzählperspektive wird durch die zahlreichen, oft verbaliter zitierten Äußerungen Pauls geboten, in denen das kritisch-reflexive Element überwiegt. Die Handlungsebene, der keineswegs geradlinig verlaufende Weg Pauls vom Konformismus zum Nonkonformismus, wird somit ergänzt durch die Kommentare Pauls, die von negativen persönlichen Erfahrungen auf gesellschaftliche Ursachen schließen und folglich einen kritischen Impetus erhalten. Mit seiner Ablehnung des Gewöhnlichen und Normalen ist Paul ein Held neuen Typs in der DDR-Literatur; er ,,wird in einer Situation dargestellt, in der er willens oder gezwungen ist, sein bisheriges Leben oder seine augenblickliche Situation zu ändern."[190] Im Vergleich zur Filmerzählung ist die Wandlung Pauls, die nur allmählich stattfindet, besser motiviert. Denn Paul, dessen ,,Ich-Ideal" gewesen war, ein Leben zu führen, ,,das ganz und gar den Normen entspricht" (LG, 40), muß sich mit den Ansichten Paulas auseinandersetzen. Obwohl ,,Paulas großer Vorzug ... ihre Herzensbildung und nicht ihre Schulbildung" war (LG, 192), sieht sie manche Dinge klarer als der übermäßig angepaßte Paul.

In der Frage der Privatsphäre des Individuums zum Beispiel kennt Paula keine Kompromisse: ,,Acht Stunden am Tag bin ich Flaschenabnehmerin, aber dann fängt mein Privatleben an, und damit hat niemand was zu schaffen, wenn ich es nicht will. Andernfalls wär sofort der Fünfzehnte der Erste bei mir." (LG, 39) Eine solche Auffassung steht natürlich im schärfsten Kontrast zu der anfänglich von Paul akzeptierten Meinung, daß nämlich seine Dienststelle ein Recht habe, alles über sein Privatleben zu erfahren. Seinen Erziehungsplan, der aus Paula ,,eine richtige, anständige, gebildete Konformistin" gemacht hätte (LG, 41), muß Paul bald aufgeben. Als er endlich darüber ,,mit sich selbst im reinen" ist (LG, 85), daß ihm Anpassung und Karriere nichts mehr bedeuten, schreitet er von der Kritik an negativen Erscheinungen zur aktiven Demonstration alternativer Formen im gesellschaftlichen Arbeitsprozeß fort. Sein privates Glück wirkt sich positiv auf seine neue, auf Eigeninitiative beruhende Arbeitsmoral aus. Machten bisher Schlendrian und Gleichgültigkeit in der Kaufhalle die chronischen Versorgungslücken noch spürbarer, so setzten Paul und Paula einen freundlichen, menschlichen Umgangston durch, der im Verein mit anderen von ihnen eingeführten Neuerungen der Legendenbildung neue Nahrung bot. Es hieß bald „in ganz Berlin, wenn irgendwas gut klappte, das klappt wie bei Paulundpaula. Es dauerte auch nicht lange, da sind die ersten Leute gekommen und haben Paulundpaula abwerben wollen. Es ist so gewesen, daß ihnen wahre Wunder zugetraut worden sind." (LG, 158)

Ein weiterer Versuch Pauls, bessere Formen des menschlichen Zusammenlebens zu entwickeln und einem offeneren Umgang von Bürgern und Institutionen Vorschub zu leisten, bestand in seinem determinierten Öffnen von verschlossen gehaltenen Türen an öffentlichen Gebäuden: „Paul war schon immer für großzügige Eingänge gewesen; vor allem bei öffentlichen Gebäuden. Eine Reihe von Türen, möglichst aus Glas, das war ... entgegenkommend und freundlich ... Sobald die Gebäude aber ihren Nutzern übergeben werden ... ist von zwölf oder sechs oder vier Türen nur noch eine halbe offen ... So ist es ... bei der Post, bei Ministerien, Warenhäusern, Theatern, Museen und Kinos. ‚Bei Kinos habe ich sogar noch Verständnis dafür. Aber überall sonst *wollen* die Leute doch reingehen – oder sollen sie nicht?'" (LG, 152–153) Ein DDR-Kritiker konzidierte, daß in Plenzdorfs Kritik an der Politik der geschlossenen Tür ein realer Kern stecke. Gleichzeitig monierte er, daß „an verschiedenen Stellen kommunistische Ideale ins Spiel kommen, freilich zumeist, um den Gegensatz zwischen den tatsächlichen Gegebenheiten und diesen Vorstellungen herauszustellen."[191] Genau die Diskrepanz zwischen Ideal und Wirklichkeit, sowie ihre Verschleierung durch die offizielle Propaganda wird durch die Figuren Plenzdorfs anvisiert und bloßgestellt. Paula trifft den Nagel auf den Kopf: „Paul: ‚Niemand sagt, daß wir im Kommunismus leben, sondern in einer Übergangsphase.' Darauf Paula: ‚Verstehe. Das heißt, welche fangen schon mit dem Kommunismus an, und andere müssen eben noch warten'." (LG, 35) Später entwickelt Paul seine Theorie darüber, wie sich die Realität durch rhetorische Kunstgriffe ohne Schwierigkeiten retuschieren und die Diskrepanz zwischen Ideal und Wirklichkeit mühelos verschleiern läßt: „‚Läßt es sich trotz aller theoretischen Beschlagenheit und Beredsamkeit nicht vermeiden, eine Tatsache anzuerkennen, die nicht so recht ins schöne Bild paßt, dann setzt man möglichst mit einem ernsten Lächeln das Noch davor, und alles ist wieder in Ordnung. Es ist doch ein Riesenunterschied, ob einer sagt: ‚Wir haben kein Bier in Büchsen', oder ob er sagt: ‚Noch haben wir kein Bier in Büchsen.' Im ersten Fall steht er eindeutig als einer da, der destruktive Kritik übt, ... als Systemkritiker. Im zweiten Fall, im Noch-Fall, wahrt er sein Image als kritischer Kopf, beweist aber, daß er die Perspektive nicht aus den Augen verloren hat und ... daß der bewußte Zustand überwunden werden wird." (LG, 36)

Die Analyse der Technik schönfärberischer Formulierungen weitet sich aus zu einer Kritik an einem der wichtigsten Propagandamittel in der DDR, der das Meinungsmonopol besitzenden Zeitung. Paul und Paula akzeptieren nur noch Auto- und Todesanzeigen als faktisch korrekt; alle anderen Meldungen müssen durch eine subtile Interpretation auf ihren Gehalt geprüft werden. Nicht nur die in verschlüsselter Form in der Zeitung reflektierten Kursänderungen von Partei und Regierung sind dem normalen Leser kaum zugänglich; die Verständnisschwierigkeiten Paulas stellten sich laut Paul schon bei einfacheren Meldungen ein: „Daß das häufigere Auftauchen von Reisrezepten bedeutet, es wird Schwierigkeiten in der Kartoffelversorgung geben, konnte man ihr noch klarmachen. Daß aber ein dreispaltiger Artikel über die hervorragende Qualität der Schulspeisung, bis auf wenige noch zu verbessernde Ausnahmen, bedeutet, die Schulspeisung ist generell unter aller

Würde, das begriff Paula schon nicht mehr. Sie war auch der Meinung, daß ein normaler Mensch da nicht mitkam." (LG, 42)

Es trifft zu, daß im Kontext der ‚Legende vom Glück' der Staatsapparat in allen seinen Manifestationen wie Dienststellen, Ausweisen, Polizisten den Freiraum des Individuums erheblich einschränkt. Deshalb gleich ,,die Gefahren, in die der Held dieses Buches durch staatlich organisierte Aktionen gerät" als ,,fixe Idee" hinzustellen,[192] ist kaum vertretbar. Denn die folgende Beobachtung Pauls dürfte schwer zu widerlegen sein: ,,In einem stark zentralisierten Gemeinwesen, wie wir es nun einmal darstellen, findet sich notwendigerweise immer eine Verordnung, die jede Unternehmung eines Bürgers für unstatthaft erklärt, für genehmigungspflichtig oder zuletzt für gesetzwidrig." (LG, 101) Gegen die Machtfülle des Staatsapparats setzt Plenzdorf die ohne Absprache zustandegekommene Solidarität der einfachen Leute, die Paul bei seiner höchst unkonventionellen Belagerung von Paulas Wohnung beschützen: ,,Obwohl Berlin vor Gerüchten schwirrte über die Singer, ist keines davon zu den entsprechenden Stellen gedrungen. Alles ist unter den Leuten geblieben, als wäre das so verabredet gewesen." (LG, 93) Diese positive Einschätzung der ,,Leute" wirkt sich auf die Konzeption der relativ wenigen Figuren aus, die neben Paula, Paul und Laura etwas stärker hervortreten. Collie, der Colly der Filmerzählung, hat sich von einem recht windigen Burschen zu einem hilfsbereiten Freund entwickelt, der Paul nach seinem Unfall mit Rat und Tat zur Seite steht. Die schöne und dumme Frau Pauls verliert in der ‚Legende vom Glück' zwar weder Dummheit noch Schönheit; beide Qualitäten werden nach ihrer Scheidung von Paul von ihrer warmen Anteilnahme an seinem Geschick überstrahlt. Sie ist es schließlich, die Paul nach seinem Unfall wieder zu seiner sexuellen Potenz verhilft. Der Kumpel Pauls, obwohl Funktionär in hoher und privilegierter Stellung, glaubt in Pauls bestem Interesse zu handeln, als er mit Hilfe Lauras Pauls soziale Reintegration betreibt. Es gibt eigentlich nur eine gänzlich negative Figur, den in der Filmerzählung Hohlkopf genannten Fiesling, der sich an Paul dadurch rächt, daß er ihm den „Auftrag" Lauras verrät.

Das weitgehende Fehlen von negativen Figuren unter den das Geschehen bestimmenden Akteuren und den mitspielenden „Leuten" weist auf einen in der ‚Legende vom Glück' gestalteten Widerspruch hin: die Trennung von Volk und Regierung, von Volk und Staat. Am Ende einer längeren Ausführung sagt Paul: „Und so lange man an die Wände schreibt, mit dem Volk, oder für das Volk, was sich an sich sehr gut anhört und auch ein Fortschritt ist gegen frühere Zeiten und gegen andere Gegenden, solange wird es eine Idee bleiben, weil dahinter immer steht: hier die Regierenden und dort das Volk, das mitmachen darf." (LG, 43) An anderer Stelle wird Paul konkreter und stellt die rhetorische Frage an Laura: ‚„Der Staat, wer ist das eigentlich? Und sag mir jetzt nicht, ich bin es selbst.'" (LG, 280) Die Reflexion über die Bedeutung des Individuums im Staat hat bei Paul zu einem radikalen Zweifel an der gesellschaftlichen Ordnung geführt, über den er sich in allgemein gehaltenen Wendungen verbreitet: „Aber der große, grundsätzliche, radikale Zweifel, der sagt: Dies und jenes ist grundsätzlich aus der Ordnung, der ist nur schwer zu bewältigen. Selbst ganze Länder finden nicht immer Wege mit all ihren Zweiflern fertig zu werden. Aber der arme einzelne: Ihm bleiben nur zwei Möglichkeiten. Die Konsequenz zu ziehen, was schwer, unbequem und unsicher ist. Oder den Zweifel abzuwürgen, wofür er einen hohen Preis zahlt, und vor allem, er zahlt ihn selber, nicht irgendwann eine andere Generation." (LG, 128)

Offensichtlich hat sich Paul entschieden, den sehr hohen Preis für die Abwürgung seines Zweifels nicht zu zahlen. Es war schon die Rede davon, daß er seinen Zweifel in Aktivitäten umsetzt, in denen er von Bevormundung freie, auf Hilfsbereitschaft und Güte besonders gegenüber sozial Benachteiligten basierende Formen des menschlichen Zusammenlebens praktiziert. Die utopische Komponente seiner sozialen Experimente im kleinen wird erkennbar, als er unter der Schockwirkung von Paulas Tod stehend die kommunistische Güterverteilung vorwegnimmt und Rentnern ihre Einkaufskörbe mit Waren zu füllen beginnt, die sie sich nicht leisten können. Paul weiß natürlich, daß die „drei Versorgungssysteme oder Märkte" im Lande zur Erhaltung der sozialen Unterschiede beitragen (LG, 46); er weiß ebenfalls, daß man über diesen Zustand nicht offen spricht, denn: ,,,Wir stecken mitten in der Phase der Anpassung ans Gegebene. Die Phase nach den Ursachen dafür zu suchen, liegt noch vor uns.'" (LG, 47) In der Zwischenzeit liefert Paul Beweise konkreter Solidarität durch die Subventionierung des Rentnerklubs: ,,Paul dachte, Solidarität ist immer konkret, und ein allgemeiner Solidaritätsfonds schadet der Solidarität mehr als er ihr nutzt, weil er den Gedanken der Solidarität verwässert und zur Routine macht, weil er nicht abrechenbar ist." (LG, 299)

Plenzdorfs alternatives Programm, das in Ansätzen in Pauls Aktivitäten erkennbar wird, stützt sich in großem Maße auf das Individuum, dessen Bewegungsfreiheit und Handlungsspielraum er möglicherweise überschätzt. Jedenfalls merkte ein Rezensent an: „Das Individuum tritt hier fast wieder als in seine herrlichen Rechte eingesetzt auf, die im 19. Jahrhundert noch glaubhafter waren."[193] Die Legendenform erlaubt es Plenzdorf jedoch, das Ideal einer harmonischen, glücklichen, nicht gegängelten Gemeinschaft, wie sie vor allem in der Singerstraße zu finden war, zu entwerfen und die Möglichkeit ihrer Realisierung offenzuhalten.

Ein wichtiger, bisher nicht genannter Bereich, in dem neue Formen des Zusammenlebens praktiziert werden, ist der der Geschlechterbeziehungen. In einem Interview zitierte Plenzdorf seine Frau, die die Frauenemanzipation erst dann völlig realisiert sieht, „wenn soziale Gleichheit für alle da ist: ‚Und das dauert.'"[194] Obwohl Paula keine Anhängerin irgendeiner Theorie über die Gleichberechtigung der Frau ist, ist ihr Einfluß auf Paul so nachhaltig, daß er zu Frauen ein ganz neues Verhältnis gewinnt. In seiner Beziehung zu Paula herrscht absolute Gleichberechtigung, die sozialen Unterschiede sind durch Pauls Aufgeben seiner Karriere nicht mehr existent, es gibt keinen Grund für die Partnermanipulation. Als er noch vom Karriere- und Leistungsdenken beherrscht wurde, hatte Paul seine dumme Frau in Übereinstimmung mit weithin gültigen Normen zur ,,vorbildlichen, zurückhaltenden, anpassungsfähigen, charmanten Gattin" dressiert (LG, 39). Jetzt erkennt er in anderen sein eigenes früheres Verhalten, wenn beschäftigte Funktionäre plötzlich ihr menschliches Herz entdekken, aber nur, weil sie ,,die schlanksten Waden, die herrlichsten Schenkel . . . und den phantastischsten Hintern" auf einmal vor sich sehen (LG, 103). Pauls intensiv-sinnliche Liebesbeziehung zu Paula wirkt als quasi-öffentliche Angelegenheit – alle Bewohner der Singerstraße nehmen regen Anteil an Freud und Leid der Liebenden – über die privaten vier Wände hinaus und resultiert in den in der Kaufhalle eingeführten Neuerungen und der Fürsorge für andere Menschen. Aufrichtigkeit und das nach landläufigen Vorstellungen eher ,,typisch weibliche" unverhüllte Äußern von Emotionen werden für Paul allmählich selbstverständlich: ,,Er war der Meinung, daß man vor einer Frau wie Paula Mitleid und Angst nicht verbergen mußte." (LG, 163) Paula selbst fordert unbedingte Aufrichtigkeit; Ironie in Liebesdingen ist ihr zutiefst verhaßt: ,,,Liebe und Ironie', war Paulas Meinung, ,gehen bei mir nicht zusammen. Da muß man alles sagen, wie man es meint.'" (LG, 73) Wie sehr Paula auch andere beeindruckt, geht aus der Reaktion des Professors hervor, als sie darauf besteht, das Kind Pauls trotz der ihr drohenden Lebensgefahr auszutragen: ,,Er hat sich nicht als lieber Gott gefühlt, der sich ein Urteil darüber erlaubt, ob eine Frau ein Kind wollen oder nicht wollen soll. Es war nach seiner Meinung eine Frage der Selbstbestimmung." (LG, 150–151)

Laura teilt die Anschauungen Paulas überhaupt nicht. Auf Pauls Frage, ob sie ihn wolle, antwortet sie im Funktionärsjargon, daß er ,,grundsätzlich davon ausgehen" könne (LG, 220). Das Denken in vorgegebenen Sprachklischees ist Paula gänzlich fremd; ihr Nonkonformismus und ihre Sinnlichkeit sind ebenfalls in ihrer „Körpersprache" evident (LG, 118). Wie Edgar Wibeau steht ihr eine andere Dimension der Kommunikation zur Verfügung; beide sind ausgezeichnete, weil spontane Tänzer. Paul überwindet schließlich Lauras Kälte und Reserviertheit; trotzdem entwickelt sich ihre Beziehung nie zu dem Idealzustand, der zwischen ihm und Paula geherrscht hatte. Einerseits sind Paul und Laura nicht vollkommen glücklich, andererseits „waren sie auch nicht besonders unglücklich." (LG, 227) Vor allem verstößt Laura gegen die Gleichheit der Partner dadurch, daß sie Pauls „totale Anpassung" durch seine Gewöhnung an ein „regelmäßiges" Leben erreichen will. In einer satirischen Passage heißt es dazu: „Paul ... machte, was sie von ihm verlangte. Er ging regelmäßig zum Friseur, putzte regelmäßig seine Schuhe, aß regelmäßig, trank regelmäßig, saß nicht regelmäßig vor dem Fernsehapparat, sondern las, wie Laura, regelmäßig ein gutes Buch und hörte regelmäßig gute Musik. Er trug wieder regelmäßig seinen Anzug, und er liebte Laura regelmäßig ... Und Laura ihrerseits gestattete ihm bei allem eine Ausnahme, und auch die regelmäßig." (LG, 228)

Durch seinen Unfall und durch den vorübergehenden Potenzverlust gewinnt Paul ein neues Problembewußtsein. Als Gesunder hatte er „ein hartes, kaltes, unmenschliches Prinzip" vertreten, „indem er alles Menschliche aufs Sexuelle einengte, auf die Frage, potent oder nicht potent, leistungsfähig oder nicht leistungsfähig, weil er die Menschheit in zwei Gruppen einteilte: die Potenten zwischen sechzehn und fünfzig und alle anderen, die Kinder, Alten, Schwachen, Kranken, Behinderten, die Impotenten." (LG, 82) Voll selbstgerechter Empörung hatte er sich gegen Paulas geplante Heirat mit dem viel älteren Saft gewandt, ihre vermeintliche „Prostitution ... Nach dem uralten Motto: du gibst mir Sicherheit und Unterkommen und den Status, eine Frau mit Mann zu sein, und ich gebe dir dafür meinen Körper und alles drum und dran." (LG, 77) Als impotenter, den sexuellen Konkurrenzkämpfen entrückter Invalide ist Paul dann „zum erstenmal in seinem Leben in der Lage gewesen, Frauen als Menschen zu sehen. ‚Als weibliche Menschen.'" (LG, 302) Sich selbst sieht Paul nicht mehr ausschließlich als Mann, sondern als Mensch, der sich trotz wiedergefundener Potenz nur voll verwirklichen kann, wenn er der Gängelei durch Laura entkommt.

Pauls Entkommen geschieht durch ein der Legendenform angemessenes Wunder, denn rational läßt sich sein spurloses Verschwinden nicht erklären. Obwohl verschwunden, ist Paul noch gegenwärtig; es heißt ausdrücklich, daß er die DDR nicht verlassen habe: ,,Nur eins ist zweifelsfrei festgestellt worden – daß Paul keinen Grenzpunkt passiert hat." (LG, 319) Selbst Paulas Tod fehlt die Finalität, da ihr Vermächtnis des kompromißlosen Glücksanspruchs vom Erzähler lebendig erhalten und der Nachwelt überliefert wird. Eines Tages, das ist die implizierte Hoffnung der ‚Legende vom Glück', wird auch in der Wirklichkeit Platz sein für Menschen wie Paul und Paula und ihre Sehnsüchte, Wünsche, Träume.[195]

Westliche Rezensenten tendierten dazu, die formal-ästhetischen Mängel des Buches hervorzuheben, in dem die Form durch zu große Länge überstrapaziert sei, zu viele Zufälle herrschten und die Sprache Eleganz vermissen lasse.[196] Derartige Erwägungen beeinträchtigten den großen Publikumserfolg der ‚Legende vom Glück' in der DDR nicht im geringsten – dort wurde das Buch 1981 in der ‚Romanzeitung' in einer Auflage von 100000 Stück erneut veröffentlicht.[197] Der Erfolg kann zum einen darauf zurückgeführt werden, daß Plenzdorf eine handfeste Liebesgeschichte verfaßte, die aber die Gestaltung zum Eskapismus führender, rein privater Konflikte vermeidet und nicht im Trivialen steckenbleibt. Zum anderen beleuchtet die ‚Legende vom Glück' kritisch eine Fülle von Problemen in der DDR-Wirklichkeit – von der miserablen Versorgung der Bevölkerung bis zu den autoritären Allüren des Staatsapparats –, die sicher eine große Zahl von Lesern ansprechen. Obwohl die zumeist den Kommentaren Pauls entstammenden kritischen Passagen keineswegs in der von Plenzdorf abgelehnten ,,Sklavensprache" verfaßt sind,[198] enthalten sie ein Element des Spielerisch-Dialektischen, das ihre Schärfe mildert. Das dürfte einer der Gründe dafür sein, daß die ‚Legende vom Glück' von Kulturfunktionären wie Hermann Kant, dem Präsidenten des Schriftstellerverbandes der DDR, und Klaus Höpcke, dem Stellvertreter des Ministers für Kultur, als legitimes Produkt der DDR-Literatur anerkannt wurde.[199] Jedenfalls erfüllt Plenzdorfs Buch die Forderung, um die es laut Kants Worten geht: „Es geht nicht um die angenehmere Beleuchtung der Verhältnisse, sondern um deren Beleuchtung. Es geht um Aufhellung, so daß Sinn und Unsinn erkennbar werden."[200]

8. ‚Gutenachtgeschichte'

Plenzdorfs bisher letzter veröffentlichter Text ist weder Filmszenarium noch Roman oder Erzählung. Der Titel ‚Gutenachtgeschichte' ist überdies irreführend, da keine Geschichte im eigentlichen Sinne erzählt wird. Vielmehr stellt der Erzähler Betrachtungen über die Funktion einer solchen Geschichte und die in ihr enthaltenen Elemente an. Der zunächst belanglos erscheinende, in einer einfachen Sprache geschriebene Text, der nicht im entferntesten an die virtuose Sprachbeherrschung in ‚kein runter kein fern' erinnert, enthüllt sich bei eingehenderer Analyse als Aufarbeitung von bekannten Themen und Motiven aus anderen Werken Plenzdorfs in einer für den Autor neuen Form.

Das intendierte Publikum wird durch den Terminus ‚Gutenachtgeschichte' definiert; es handelt sich dabei um Kinder im Vorschulalter oder in den ersten Klassen. Damit erweitert Plenzdorf den Personenkreis, der durch seine Texte angesprochen wird, um die jüngste als Literaturrezipient in Betracht kommende Gruppe. Im Unterschied zu fiktionalen Texten wie ‚Karla', den ‚Neuen Leiden' und ‚kein runter kein fern', in denen junge Menschen im Mittelpunkt stehen, die – das trifft besonders auf die beiden erstgenannten Werke zu – als Identifikationsfiguren dienen können, fehlt eine solche Mittelpunktsfigur. Vielmehr wendet sich der Erzähler im Stile des Kasperletheaters direkt an sein Publikum: „Seid ihr alle da, dann schreit mal alle ja" (GN, 48).

Freilich redet auch Edgar Wibeau seine Leser und Zuschauer wiederholt direkt an und fordert sie damit implizite zur Stellungnahme auf; doch Edgar ist eine Kunstfigur, während der Erzähler der ‚Gutenachtgeschichte' fast identisch mit dem Autor ist. Der Erzähler stellt sich nämlich als Geschichtenschreiber von Beruf vor, der die ‚Gutenachtgeschichte' als Auftragsarbeit ausführen muß; er behauptet allerdings, keine Kinder zu haben – ein Detail, das nicht der Biographie des Autors Plenzdorf entspricht. Weiterhin bekennt sich der Erzähler als zu den Erwachsenen gehörend – ein erheblicher Unterschied zu den die Erzählperspektive bestimmenden Mittelpunktsfiguren in den ‚Neuen Leiden' und in ‚kein runter kein fern', die ihre Opposition zur Erwachsenenwelt artikulieren. Obwohl der Erzähler auf seinen Prärogativen als Erwachsener besteht, ermöglicht es ihm seine Vertrautheit mit Institutionen wie Familie, Kindergarten, Schule und Polizei, die Kinder über deren autoritäre Praktiken aufzuklären. Die scheinbar harmlosen Geschichten, die den Kindern vor dem Einschlafen vorgelesen werden, erfüllen in der Sicht des Erzählers die Funktion eines Mittels der Herrschaftsausübung mit Zuckerbrot und Peitsche: „Eine Gutenachtgeschichte ist eine Geschichte, mit der die Erwachsenen ihre Kinder erpressen, früher ins Bett zu gehen, damit sie selbst ungestört fernsehen können, und damit ihr morgens besser ausgeschlafen seid und in der Straßenbahn nicht rumbrüllt, wenn sie euch in den Kindergarten bringen oder damit ihr rechtzeitig in eure geliebte Schule kommt, um nur hervorragende Lernergebnisse zu erzielen und damit eure Eltern nicht beim Klassenlehrer antanzen und sich sagen lassen müssen, daß ihr versetzungsgefährdet seid. Denn das dauert vielleicht Stunden und die liegen meist in der Hauptsendezeit." (GN, 48)

Der schulische Leistungszwang und seine negativen Folgen für die Entwicklung des jungen Menschen ist ein von Plenzdorf wiederholt aufgegriffenes und variiert behandeltes Thema –

von ‚Karla' bis zu ‚kein runter kein fern'. In ‚Gutenachtgeschichte' geht es vordergründig nicht um die von den Erwachsenen erwünschte Anpassung; in diesem Text steht das Ruhe- und Unterhaltungsbedürfnis der Erwachsenen im Mittelpunkt. Das letztere wird hauptsächlich durch das Fernsehen befriedigt, über dessen Auswirkungen auf das Straßenbild der Großstadt sich bereits Edgar Wibeau mokiert hatte: ,,Überhaupt sah Berlin nach acht genau wie Mittenberg aus. Alles hockte vor der Röhre." (NL/R, 144) Das Fernsehen, bei dem der Anteil westlicher Sendungen stark ins Gewicht fällt, wird von Plenzdorf offensichtlich als negativer Einfluß auf Kinder und Erwachsene gesehen. Als Paul in ‚Die Legende von Paul & Paula' eines Tages nach Hause kommt und seinen Jungen im Beisein von Frau und Schwiegereltern ,,auf die Röhre" starren sieht, ist er ,,sofort sauer." (PP, 30) Noch schärfer ist die Formulierung in ‚Legende vom Glück ohne Ende'. Pauls Zukunftsvision lautet: ,,Die Frau immer noch schön, ... auf jeden Fall aber restlos verblödet, hauptsächlich vom Dauerfernsehen." (LG, 25) Nur in der Erzählung ‚kein runter kein fern', in der der Junge gänzlich auf sich allein angewiesen ist, gewinnt das Fernsehen westlicher Provenienz im Kontext der extremen Ausnahmesituation des Protagonisten eine positivere Bedeutung – obwohl er von einem Fernsehfilm zu seinem Selbstmordversuch inspiriert wurde.

Die Aufdeckung der Erpressungsstrategie der Erwachsenen, mit der Kinder täglich konfrontiert werden, durch den Erzähler verweist auf den Widerspruch von postuliertem Ideal – ,,feige ist, wenn man nicht schreibt, was man denkt" (GN, 48) – und Wirklichkeit – ,,ohne Vorsicht kann man nicht leben" (GN, 48). Kritisches Denken vermag diesen Widerspruch nicht völlig zu lösen, es verhilft jedoch zu einem besseren Verständnis der von Erwachsenen Kindern und anderen Erwachsenen gegenüber angewendeten Manipulationen. Ein beliebtes Mittel der Manipulation ist die Vortäuschung einer nicht existenten Gemeinsamkeit der Interessen zwischen den Erziehungsberechtigten und den von ihnen Abhängigen – eine vorgetäuschte

Interessengemeinschaft, die der zwischen Volk und Regierung in ‚Legende vom Glück ohne Ende' entspricht. Das Bewußtmachen der Manipulation ist eines der Erkenntnisziele, zu dem der deduktiv vorgehende Erzähler die Kinder hinführen will: „Merkt: Wenn ein Erwachsener sagt, wir haben festgestellt, dann will er nur feststellen, was er festgestellt haben will." (GN, 50)

Die ‚Gutenachtgeschichte' hat somit eine didaktische Komponente: Aufklärung der Kinder über die Mittel, mit denen sie in Unmündigkeit gehalten werden. Teil dieser Aufklärung ist die Lehre vom Zweifel an Autoritätsfiguren wie Vätern, Lehrern, Polizisten, Staatsmännern. Die angemaßte Würde der letzteren ist Gegenstand einer hintergründigen Kritik; es ist allerdings zweifelhaft, ob sie von dem intendierten Publikum voll verstanden werden kann: „Erwachsensein ist eine ernste Sache, ernster, als ihr alle zusammen glaubt. Da kannst du nicht, wenn dir einer einen Bart malt, grinsend darüber weggehen. Ein Bart macht lächerlich, und du kannst es dir nicht erlauben, daß über dich gelacht wird, schon gar nicht als Staatsmann. Oder könnt ihr euch vielleicht einen Staatsmann vorstellen, über den ihr lachen könnt?" (GN, 49)

Die durch den Erzähler angestrebte Schärfung des Problembewußtseins der Kinder bedingt eine Fortsetzung des Fragens über das kindliche Fragealter hinaus. Das Fragen führt dann zum Infragestellen bestimmter Zustände überhaupt, zum Beispiel: „Warum gibt es eigentlich Lehrer, aber keine Kindergärtner?" (GN, 49) Eine mögliche Antwort auf diese Frage hatte Edgar Wibeau aus seiner einem traditionellen männlichen Selbstverständnis verpflichteten Perspektive gegeben: „Ich hatte nichts gegen Kinder, aber ich war nie ein großer Kinderfreund. Sie konnten einen anöden auf die Dauer, jedenfalls mich, oder Männer überhaupt. Oder hat schon mal einer was von einem Kinder*gärtner* gehört?" (NL/R, 47)

Die Praxis der Erziehung beruht, das hat Plenzdorf in mehreren Werken gestaltet, keineswegs auf kritischen Fragen. Was von den Schülern erwartet wird, sind vorprogrammierte Antworten. Folglich, so argumentiert der Erzähler, sind Kriterien wie ,,spannend oder aufregend oder lehrreich" (GN, 49) für eine Gutenachtgeschichte nicht diskutabel, denn sie entsprechen den Erwartungen und Bedürfnissen der Kinder, nicht denen der Erwachsenen. Die Verwendung der Kategorie des Lehrreichen demonstriert bereits den beginnenden Anpassungsprozeß der Kinder: ,,... keiner von euch kann mir erzählen, daß er wirklich glaubt, eine Gutenachtgeschichte müsse lehrreich sein. Das habt ihr nur gesagt, weil ihr wißt, daß ich ein Erwachsener bin und daß Erwachsene euch in Ruhe lassen, wenn sie von euch hören, daß eine gute Geschichte auch lehrreich sein muß." (GN, 49) Diese Passage erinnert an Edgar Wibeaus Opposition gegen den ,,Film, in dem die Leute in einer Tour lernen und gebessert werden" (NL/R, 42); der Erzähler in ‚Gutenachtgeschichte' spielt einmal mehr den Advocatus Diaboli und besteht auf einer langweiligen Geschichte, weil nur sie den von den Erwachsenen gewünschten Zweck erfülle: ,,es ist doch wohl logisch, daß eine gute Gutenachtgeschichte langweilig sein muß, wenn sie ihren Zweck erfüllen soll. Kein Mensch kann bei einer spannenden oder aufregenden ... Geschichte einschlafen, folglich auch kein Kind!" (GN, 49) Der Erzähler behält den provokatorischen Gestus, der den Widerspruchsgeist wecken soll, bis zum Schluß bei: ,,Ich finde alles langweilig, was ich längst kenne. Also werde ich euch eine Geschichte erzählen, die ihr längst kennt." (GN, 50)

Dieser wenig umfangreiche Text, der alle traditionellen Erwartungen von einer erbaulichen Geschichte über den Haufen wirft, ist wahrscheinlich eine Gelegenheitsarbeit, die dem Vergleich mit den bekannteren Werken Plenzdorfs nicht standhält. Die ‚Gutenachtgeschichte' ist aber ein eindringliches Zeugnis für Plenzdorfs fortwährende Beschäftigung mit Fragen der Erziehung und des Verhältnisses von Erwachsenen zu Jugendlichen und Kindern. So kann man den Text als Plädoyer für eine antiautoritäre, humane Erziehung lesen, die auch dem jungen Menschen das Recht auf die Entfaltung seiner Individualität innerhalb der Gesellschaft und ihrer Institutionen zugesteht.

Die relativ große Zeitspanne, die zwischen der Entstehung des ebenfalls mit dem Erziehungswesen befaßten Filmszenariums ‚Karla' und der Veröffentlichung der ‚Gutenachtgeschichte' verflossen ist, ist ein Indiz für die Virulenz der behandelten Probleme.

III. Anmerkungen

I. Biographie und kulturpolitischer Kontext

1 Kuß von Charlie. In: Der Spiegel, 26. 3. 1973, S. 166.
2 Macht Sozialismus sinnlich? ‚Spiegel'-Interview mit DDR-Autor Ulrich Plenzdorf über DDR-Literatur. In: Der Spiegel, 12. 4. 1976, S. 226.
3 Kuß von Charlie, a. a. O., S. 166.
4 Diskussion um Plenzdorf: Die neuen Leiden des jungen W. In: Sinn und Form 25, H. 1 (1973), S. 219–252. Zitiert nach: Peter J. Brenner (Hrsg.), Plenzdorfs ‚Neue Leiden des jungen W.' Frankfurt/Main 1982, S. 178.
5 ‚Dem Menschen seinen Stolz lassen'. ‚Spiegel'-Reporter Fritz Rumler über den DDR-Dramatiker Ulrich Plenzdorf. In: Der Spiegel, 14. 5. 1973, S. 166.
6 Günter Albrecht, Kurt Böttcher, Herbert Greiner-Mai, Paul Günter Krohn (Hrsg.), Schriftsteller der DDR. Leipzig 1975, S. 424.
7 S. u. Kapitel ‚Karla'. S. 21–34.
8 Wolfgang Emmerich, Kleine Literaturgeschichte der DDR. Darmstadt und Neuwied 1981, S. 26.
9 Ebda.
10 Emmerich, a. a. O., S. 17.
11 Heinz Klunker, Expeditionen in den Alltag. Nach Ulbricht: DDR-Filme einer DDR-Generation. In: Film in der DDR. Reihe Film 13. München 1977, S. 162–163.
12 Stefan Heym (Hrsg.), Auskunft. Neue Prosa aus der DDR. Reinbek bei Hamburg 1977, S. 230.
13 Jurek Becker, Irreführung der Behörden. Roman. Frankfurt/Main 1973, S. 245.
14 Becker, a. a. O., S. 247.
15 Gespräch mit Wolfgang Kohlhaase. In: Sinn und Form 31, H. 5 (1979), S. 983–984.
16 Walter Ulbricht auf dem 9. Plenum des ZK der SED im April 1965. Zitiert nach: Elimar Schubbe (Hrsg.), Dokumente zur Kunst-, Literatur- und Kulturpolitik der SED 1949–1970. Stuttgart 1972, S. 1033.
17 Anna Seghers, Der wichtigste Ismus (1948). In: Dies., Über Kunstwerk und Wirklichkeit, Bd. 1. Berlin 1970, S. 216.

18 Manfred Jäger, Kultur und Politik in der DDR. Ein historischer Abriß. Köln 1982, S. 115.
19 Wolf Biermann, An die alten Genossen. In: Ders., Die Drahtharfe. Balladen, Gedichte, Lieder. Berlin 1965, S. 67.
20 Heiner Müller, Wie es ist, bleibt es nicht (Rezension von Thomas Brasch, Kargo). In: Der Spiegel, 12. 9. 1977, S. 215.
21 Vgl. dazu Emmerich, a. a. O., S. 180–195; Jochen Staadt, Konfliktbewußtsein und sozialistischer Anspruch in der DDR-Literatur. Zur Darstellung gesellschaftlicher Widersprüche in Romanen nach dem VIII. Parteitag der SED 1971. Berlin 1977, S. 25–39; Peter Weisbrod, Literarischer Wandel in der DDR. Untersuchungen zur Entwicklung der Erzählliteratur in den siebziger Jahren. Heidelberg 1980, S. 168–188.
22 Erich Honecker auf der 4. Tagung des ZK der SED im Dezember 1971. Zitiert nach: Gisela Rüß (Hrsg.), Dokumente zur Literatur- und Kulturpolitik der SED 1971–1974. Stuttgart 1976, S. 287.
23 Kurt Hager auf der 6. Tagung des ZK der SED im Juli 1972. Zitiert nach: Rüß, a. a. O., S. 509.
24 Literatur – Kampfgefährte für Frieden und Sozialismus. Zentralkomitee der SED an den heute beginnenden IX. Kongreß. In: Neues Deutschland, 31. 5. 1983.
25 Jochen Reinhardt und Hans Jürgen Geisthardt, Die Kultur geht unweigerlich zu den Arbeitern. In: Neues Deutschland. 5. 6. 1971. Zitiert nach: Rüß, a. a. O., S. 174. Vgl. auch Rüß, a. a. O., S. 176.
26 Vgl. Staadt, a. a. O., S. 1–11.
27 Günter de Bruyn, Buridans Esel. Roman. Frankfurt/Main 1977, S. 124.
28 Kurt Hager auf der 9. Tagung des ZK der SED im Mai 1973. Zitiert nach: Rüß, a. a. O., S. 780–781.
29 Klunker, a. a. O. (s. o. Anm. 11), S. 136.
30 Hermann Kant, Die Verantwortung des Schriftstellers in den Kämpfen unserer Zeit. In: Die Verantwortung des Schriftstellers in den Kämpfen unserer Zeit. Materialien zum VIII. Schriftstellerkongreß der DDR, Berlin 29.–31. Mai 1978. München 1978, S. 29.
31 Kritische Distanz (Über den DEFA-Filmregisseur Herrmann Zschoche). In: Der Spiegel, 12. 7. 1982, S. 143.
32 Ebda. Vgl. ebenfalls Manfred Jäger, Zeitschriftenschau – Kultur. In: Deutschland Archiv 16, H. 6 (1983), S. 582.
33 Vgl. Fritz J. Raddatz, Es geht. Geht es? Eindrücke vom zweiten Berliner Ost-West-Treffen der Schriftsteller. In: Die Zeit (nordamerikan. Ausg.), 6. 5. 1983.
34 Volker Braun, Unvollendete Geschichte. Frankfurt/Main 1977, S. 41.

II. Das Werk

1. *Karla*

35 Ulrich Plenzdorf, Karla. Der alte Mann, das Pferd, die Straße. Texte zu Filmen. Mit einem Nachwort von Klaus Wischnewski. Berlin 1978. Dies ist der erste vollständige Textabdruck.
36 Zur Zitierweise s. Auswahlbibliographie und Abkürzungsverzeichnis, S. 129.
37 Bertolt Brecht, Was haben wir zu tun? In: Gesammelte Werke, Bd. 19. Frankfurt/Main 1967, S. 545.
38 Günter Witt während des 11. Plenums des ZK der SED im Dezember 1965. Zitiert nach: Jäger, a. a. O. (s. o. Anm. 18), S. 121.
39 Ebda.
40 Vgl. Jurek Becker, Schlaflose Tage. Roman. Frankfurt/Main 1980, S. 116.
41 Becker, a. a. O., S. 134.
42 Becker, a. a. O., S. 135.
43 Obwohl der Wortlaut des Zitats in beiden Ausgaben (s. o. Anm. 35, 36) übereinstimmt, müßte es sinngemäß heißen: ,,gebt ihr ihm *keine* Chance!" (meine Hervorhebung).
44 Bertolt Brecht, Mutter Courage und ihre Kinder. In: Gesammelte Werke, Bd. 4. Frankfurt/Main 1967, S. 1395.
45 Wischnewski, a. a. O. (s. o. Anm. 35), S. 182.
46 Brenner, Einleitung, a. a. O. (s. o. Anm. 4), S. 52.
47 Wischnewski, a. a. O., S. 184.
48 Braun, a. a. O. (s. o. Anm. 34), S. 92. Vgl. zu dieser Problematik ebenfalls Thomas Brasch, Fastnacht. In: Hans-Jürgen Schmitt (Hrsg.), Geschichten aus der DDR. Hamburg 1979, S. 130–146.
49 Wischnewski, a. a. O., S. 182.
50 Gerhard Fricke (Hrsg.), Friedrich Schiller: Briefe. München 1955, S. 105–107.
51 Vgl. Wischnewski, a. a. O., S. 183.
52 Vgl. Jäger, a. a. O. (s. o. Anm. 18), S. 121–122.
53 Dieter Schlenstedt, Lehrer und Schüler im Spiegel literarischer Entwicklungen. In: Weimarer Beiträge 16, H. 12 (1970), S. 120.
54 Ebda. Die Sätze des Zitats wurden umgestellt.
55 Schlenstedt, a. a. O., S. 121.
56 Wischnewski, a. a. O., S. 179.
57 Jäger, a. a. O., S. 122.
58 Vgl. Wischnewski, a. a. O., S. 184, 185.

2. Die neuen Leiden des jungen W.

59 Diskussion um Plenzdorf, a. a. O. (s. o. Anm. 4), S. 178.
60 Vgl. Albert R. Schmitt, Ulrich Plenzdorfs ‚Die neuen Leiden des jungen W.' im Spiegel der Kritik. In: Karl S. Weimar (Hrsg.), Views and Reviews of Modern German Literature. Festschrift for Adolf D. Klarmann. München 1974, S. 259.
61 Diskussion um Plenzdorf, a. a. O., S. 178.
62 Ebda.
63 S. Auswahlbibliographie und Abkürzungsverzeichnis für genaue Angaben. Die weiteren Fassungen der ‚Neuen Leiden' – ein literarisches Drehbuch für einen nicht zustandegekommenen DEFA-Film (1973, mit Heiner Carow), die 1974 gesendete Hörspielfassung und die Fernsehfassung von 1976 – liegen nicht gedruckt vor und bleiben hier unberücksichtigt. Vgl. Brenner, a. a. O. (s. o. Anm. 4), S. 347–348.
64 Ingrid Seyfarth, Fragen an Horst Schönemann. In: Theater der Zeit 27, H. 8 (1972), S. 18–19. Zitiert nach: Brenner, a. a. O., S. 147.
65 Gabriele Herzog, Maßstab Publikum. ‚Die neuen Leiden des jungen W.' von Ulrich Plenzdorf. In: Theater der Zeit 28, H. 4 (1973), S. 8–9. Zitiert nach: Brenner, a. a. O., 221.
66 Ebda.
67 Ebda.
68 Schmitt, a. a. O., S. 260.
69 Brenner, Einleitung, a. a. O., S. 41.
70 Vgl. Schmitt, a. a. O., S. 260, Anm. 5.
71 Friedrich Plate, ‚Neue Leiden' ohne Standpunkt. In: Sinn und Form 25, H. 4 (1973), S. 841–854. Zitiert nach: Brenner, a. a. O., S. 226.
72 Diskussion um Plenzdorf, a. a. O., S. 178.
73 Robert Weimann, Goethe in der Figurenperspektive. In: Sinn und Form 25, H. 1 (1973), S. 222–238. Zitiert nach: Brenner, a. a. O., S. 159.
74 Karl Corino, ‚Die neuen Leiden des jungen W.' Sendung des Hessischen Rundfunks vom 12. 4. 1973. Zitiert nach: Brenner, a. a. O., S. 253.
75 Wilhelm Girnus, Lachen über Wibeau ... aber wie? In: Sinn und Form 25, H. 6 (1973), S. 1277–1288. Zitiert nach: Brenner, a. a. O., S. 194.
76 Peter Biele, Nochmals – ‚Die neuen Leiden ...'. In: Sinn und Form 25, H. 6 (1973), S. 1288–1293. Zitiert nach: Brenner, a. a. O., S. 207.
77 Plate, a. a. O., S. 225.

78 Fritz J. Raddatz, Ulrich Plenzdorfs Flucht nach innen. In: Merkur 27 (1973), S. 1174–1178. Zitiert nach: Brenner, a. a. O., S. 303, 308.
79 Marcel Reich-Ranicki, Der Fänger im DDR-Roggen. In: Die Zeit, 4. 5. 1973. Zitiert nach: Brenner, a. a. O., S. 267, 268.
80 Brenner, Einleitung, a. a. O., S. 43.
81 Girnus, a. a. O., S. 193.
82 Plate, a. a. O. (s. o. Anm. 71), S. 225.
83 Werner Neubert, Niete in Hosen – oder ...? In: Neue Deutsche Literatur 21, H. 3 (1973), S. 130–135. Zitiert nach: Brenner, a. a. O., S. 219.
84 Ebda.
85 Karl-Heinz Jakobs, Plenzdorf. In: Ders., Heimatländische Kolportagen. Ein Buch Publizistik. Berlin 1975, S. 237–244. Zitiert nach: Brenner, a. a. O., S. 231.
86 Dieter Schlenstedt, Wirkungsästhetische Analysen. Poetologie und Prosa in der neueren DDR-Literatur. Berlin 1979, S. 157.
87 Ebda.
88 Schlenstedt, a. a. O., S. 204.
89 Brenner, Einleitung, a. a. O., S. 37.
90 Christine Cosentino, Bekehrter Held und Einzelgänger: Zu Fragen der DDR-Jugendproblematik bei Armin Stolper, Ulrich Plenzdorf und Reiner Kunze. In: Journal of English and Germanic Philology 77 (1978), S. 497.
91 Neubert, a. a. O. (s. o. Anm. 83), S. 219.
92 Vgl. Rumler, a. a. O. (s. o. Anm. 5), S. 166.
93 Helmut Fischbeck, Ulrich Plenzdorf: ‚Die neuen Leiden des jungen W.‘ Zur Literaturproduktion und -rezeption in der DDR. In: Diskussion Deutsch 5 (1974), S. 345.
94 Vgl. Diskussion um Plenzdorf, a. a. O. (s. o. Anm. 4), S. 178.
95 Aleksandar Flaker, Modelle der Jeans-Prosa. Zur literarischen Opposition bei Plenzdorf im osteuropäischen Romankontext. Kronberg/Ts. 1975, S. 22–25.
96 Biele, a. a. O. (s. o. Anm. 76), S. 206.
97 Flaker, a. a. O., S. 34.
98 Ebda.
99 Zu weiteren Parallelen zwischen Plenzdorf und Salinger vgl. Ilse H. Reis, Ulrich Plenzdorfs Gegen-Entwurf zu Goethes ‚Werther‘. Bern und München 1977, S. 93–106.
100 Brief F. K. Kauls an Wilhelm Girnus vom 12. 6. 1972. In: Diskussion um Plenzdorf, a. a. O. (s. o. Anm. 4), S. 152.
101 Vgl. Walter E. Riedel, Some German Ripples of Holden Caulfield's ‚Goddam Autobiography‘: On Translating and Adapting J. D. Salinger's ‚Catcher in the Rye‘. In: Canadian Review of Comparative Literature 7 (1980), S. 196–205.

102 Manfred Durzak, Jerome D. Salinger, Heinrich Böll und Ulrich Plenzdorf. Der Fänger im Roggen und seine deutschen Gefährten. In: Ders., Das Amerika-Bild in der deutschen Gegenwartsliteratur. Stuttgart 1979, S. 154.
103 Brief Kauls, a. a. O., S. 151–152.
104 Diskussion um Plenzdorf. In: Sinn und Form 25, H. 3 (1973), S. 673.
105 A. A. Shdanow. Zitiert nach: Jäger, a. a. O. (s. o. Anm. 18), S. 18.
106 Arbeiterbewegung und Klassik. Ausstellung im Goethe- und Schiller-Archiv der Nationalen Forschungs- und Gedenkstätten der klassischen deutschen Literatur in Weimar 1964–1966. Weimar 1964, S. 236. Zitiert nach: Brenner, Einleitung, a. a. O., S. 23.
107 Walter Ulbricht, An alle Bürger der DDR! An die ganze deutsche Nation. In: Neues Deutschland, 28. 3. 1962. Zitiert nach: Paul Michael Lützeler, Goethes ‚Faust' und der Sozialismus. Zur Rezeption des klassischen Erbes in der DDR. In: Basis 5 (1975), S. 33.
108 Lexikon deutschsprachiger Schriftsteller. Von den Anfängen bis zur Gegenwart, Bd. 2. Kronberg/Ts. 1974, S. 268. (Lizenzausg. des VEB Bibliographisches Institut Leipzig).
109 Käthe Aebi, Damit junge Menschen die Heimat liebgewinnen und sie schützen. Gespräch mit dem Kinderbuchautor Bernd Wolff. In: Neues Deutschland, 24. 6. 1983.
110 Plenzdorf zitiert nach der zweiten Fassung des ‚Werther' von 1787. Die Zitate in den verschiedenen Fassungen der ‚Neuen Leiden' unterscheiden sich gelegentlich beträchtlich voneinander und von der Goetheschen Vorlage, ohne daß aber der Sinn verlorengeht. Zum Textvergleich wurde die folgende Ausgabe benutzt (Abkürzung im Text: HA mit Seitenzahl): Johann Wolfgang von Goethe, Die Leiden des jungen Werther. In: Goethes Werke, Bd. 6. 4. Aufl. Hamburg 1960, S. 7–124.
111 Weimann, a. a. O. (s. o. Anm. 73), S. 158.
112 Reich-Ranicki, a. a. O. (s. o. Anm. 79), S. 264.
113 Diskussion um Plenzdorf, a. a. O. (s. o. Anm. 4), S. 178.
114 Peter Wapnewski, Zweihundert Jahre Werthers Leiden oder: Dem war nicht zu helfen. In: Merkur 29 (1975), S. 530–544. Zitiert nach: Brenner, a. a. O., S. 331.
115 Vgl. besonders Franz Peter Waiblinger, Zitierte Kritik. Zu den ‚Werther'-Zitaten in Ulrich Plenzdorfs ‚Die neuen Leiden des jungen W.' In: Poetica 8 (1976), S. 86.
116 Raddatz, a. a. O. (s. o. Anm. 78), S. 303, 306.
117 Arndt und Inge Stephan, Werther und Werther-Rezeption – Ein Unterrichtsmodell zur Aufarbeitung bürgerlichen Selbstverständnisses. In: Bodo Lecke (Hrsg.), Projekt Deutschunterricht 9. Literatur der Klassik II – Lyrik/Epik/Ästhetik. Stuttgart 1975, S. 167.

118 Brief von Kaul, a. a. O. (s. o. Anm. 100), S. 152.
119 Obwohl die Frage, ob es sich bei Edgar Wibeaus Tod um einen Selbstmord handelt, angesichts des Werthermodells nicht völlig „müßig" ist, kann man im wesentlichen Brenner, Einleitung, a. a. O., S. 65, Anm. 125 zustimmen, der im Text „keine stichhaltigen Anhaltspunkte" für einen Selbstmord findet.
120 S. o. Anm. 22.
121 Erich Honecker auf dem 9. Plenum des ZK der SED im Mai 1973. Zitiert nach: Rüß, a. a. O. (s. o. Anm. 22), S. 777.
122 Braun, a. a. O. (s. o. Anm. 34), S. 44–45.
123 Braun, a. a. O., S. 45.
124 Ebda.
125 Braun, a. a. O., S. 78.
126 Braun, a. a. O., S. 94.
127 Braun, a. a. O., S. 57.
128 Vgl. Staadt, a. a. O. (s. o. Anm. 21), S. 170–187.
129 Erkundungen und Auskünfte. Gespräch mit Wolfgang Joho. In: Neue Deutsche Literatur 21, H. 3 (1973), S. 9.
130 Rolf Schneider, Die Reise nach Jaroslaw. Roman. 2. Aufl. Darmstadt und Neuwied 1979, S. 39.

3. Kein runter kein fern

131 Über das Entstehungsdatum gibt es widersprechende Angaben – von den „endsechziger Jahren" bis 1975. Vgl. dazu den Rezensionsteil in Humbert Fink, Marcel Reich-Ranicki und Ernst Willner (Hrsg.), Klagenfurter Texte zum Ingeborg-Bachmann-Preis 1978. München 1978, S. 254, 259, 275. Bekannt ist lediglich der äußere Anlaß der Entstehung, der 20. Jahrestag der DDR am 7. 10. 1969.
132 Manfred Durzak, Die deutsche Kurzgeschichte der Gegenwart. Autorenporträts, Werkstattgespräche, Interpretationen. Stuttgart 1980, S. 443.
133 Rudolf Walter Leonhardt, Die Gruppe 47 grüßt von fern. Ein fairer Literaturwettbewerb. In: Die Zeit, 7. 7. 1978.
134 Durzak, a. a. O., S. 446.

4. Die Legende von Paul & Paula

135 Erdmute Greis-Behrend, Love-Story, DDR-made. In: Frankfurter Rundschau, 12. 4. 1973.
136 Wolfgang Tilgner, Von der Liebe ein Lied. In: Ders., Über mein Gesicht gehen die Tage. Halle/S. 1971.
137 Dieter E. Zimmer, Nicht mehr so dogmatisch. Ulrich Plenzdorf, sein neuer Film ‚Paul und Paula' und sein Werther-Roman als Sym-

ptome einer neuen Offenheit. In: Die Zeit, 20. 4. 1973. Zitiert nach: Brenner, a. a. O., S. 259.
138 Erika Richter, Die Legende von Paul und Paula. In: Institut für Gesellschaftswissenschaften beim ZK der SED (Hrsg.), Erkundung der Gegenwart. Künste in unserer Zeit. Berlin 1976, S. 118–140. Der Beitrag erschien zuerst in: Dies., Alltag und Geschichte in DEFA-Gegenwartsfilmen der siebziger Jahre. Berlin 1976.
139 Richter, a. a. O., S. 120.
140 Ebda.
141 Vgl. Emmerich, a. a. O. (s. o. Anm. 8), S. 180–182.
142 Zimmer, a. a. O., S. 258.
143 Richter, a. a. O., S. 126.
144 Richter, a. a. O., S. 130.
145 Ebda.
146 Vgl. Zimmer, a. a. O., S. 257.
147 Richter, a. a. O., S. 129.
148 Ebda.
149 Richter, a. a. O., S. 130.
150 Macht Sozialismus sinnlich?, a. a. O. (s. o. Anm. 2), S. 226.
151 Ebda.
152 Zimmer, a. a. O., S. 258.
153 Reiner Kunze, Die wunderbaren Jahre. Frankfurt/Main 1976, S. 69.
154 Ebda.
155 Richter, a. a. O., S. 128.
156 Macht Sozialismus sinnlich?, a. a. O., S. 226.
157 Im Verhör: Der Drehbuchautor. Gespräch mit dem Drehbuchautor der ‚Legende von Paul und Paula' – Ulrich Plenzdorf. In: Kino DDR (Pressebulletin), 1973, Nr. 3. Zitiert nach: Richter, a. a. O., S. 125.
158 Gero von Wilpert, Legende. In: Ders., Sachwörterbuch der Literatur. 3. verb. u. erw. Aufl. Stuttgart 1961, S. 321.
159 Vgl. Gisela Shaw, Ideal and Reality in the Works of Ulrich Plenzdorf. In: German Life and Letters 35, H. 1 (1981), S. 88, 93.
160 Im Verhör, a. a. O., S. 126.
161 Gespräch mit Heiner Carow. In: Aus Theorie und Praxis des Films. 1973, H. 3. Filmographie II (Manuskript), S. 20. Zitiert nach: Richter, a. a. O., S. 136.
162 Gespräch mit Heiner Carow, a. a. O., S. 125.
163 Zimmer, a. a. O., S. 258.
164 Heinz Kersten, Ungewöhnlicher DEFA-Liebesfilm von Plenzdorf und Carow. In: Deutschland Archiv 6, H. 5 (1973), S. 460.
165 Richter, a. a. O., S. 139.

5. Der alte Mann, das Pferd, die Straße

166 Martin Stade, Der Alte und das Pferd. In: Gerd Noglik (Hrsg.), Voranmeldung. Halle/S. 1968, S. 5–15.
167 Vgl. Joachim Walther, Drei Interviews: Volker Braun, Bernd Jentzsch, Martin Stade. In: Akzente 20 (1973), S. 401.
168 Walther, a. a. O., S. 400.
169 Ebda.
170 Martin Stade, Vetters fröhliche Fuhren. Erzählung. Stuttgart 1978, S. 16. Alle weiteren Zitatverweise im Text (S. mit Seitenzahl) beziehen sich auf diese Ausgabe.
171 Walther, a. a. O., S. 407.
172 Wischnewski, a. a. O. (s. o. Anm. 35), S. 189.
173 Wischnewski, a. a. O., S. 189, 190.
174 Wischnewski, a. a. O., 188.

6. Buridans Esel

175 Karl Corino, Gespräche mit DDR-Schriftstellern. In: Deutschland Archiv 7, H. 2 (1974), S. 169.
176 de Bruyn, a. a. O. (s. o. Anm. 27), S. 186. Alle weiteren Zitatverweise im Text (S. mit Seitenzahl) beziehen sich auf diese Ausgabe.
177 Corino, a. a. O., S. 169.
178 Ebda.
179 Dieter Kranz, Leider nur eine simple Geschichte. Zur Leipziger Uraufführung von ‚Buridans Esel'. In: Tribüne, 19. 12. 1975.
180 Kurt Lothar Tank, Neues von Plenzdorf, ‚Buridans Esel' nach de Bruyns Roman erstaufgeführt. In: Tagesspiegel, 17. 4. 1976.
181 Corino, a. a. O., S. 169.
182 Ebda.
183 Werner Burkhardt, Roßkur für Buridans Esel. Westdeutsche Erstaufführung: Ulrich Plenzdorfs neues Stück im Hamburger Thalia-Theater. In: Süddeutsche Zeitung, 12. 4. 1976.
184 Ebda.
185 Zitiert nach: Tank, a. a. O.
186 Fritz J. Raddatz, Traditionen und Tendenzen. Materialien zur Literatur der DDR, Bd. 1. Erw. Ausg. Frankfurt 1976, S. 348.
187 Heinz Kersten, de Bruyns Roman ‚Buridans Esel' als Film von Plenzdorf. In: Deutschland Archiv 13, H. 8 (1980), S. 791.

7. Legende vom Glück ohne Ende

188 Im allgemeinen nehmen die Interpreten, die sich mit dieser Frage beschäftigt haben, an, daß es sich um eine Erzählerin handele. Vgl. z. B. Horst Haase, Die Legende von Paul, Paula und Laura. In:

Neue Deutsche Literatur 28, H. 8 (1980), S. 149. Der Text bietet für diese Annahme keine konkreten Anhaltspunkte; im folgenden wird daher der wertneutrale Terminus ,,Erzähler" verwendet, der keine geschlechtsspezifische Sicht impliziert.
189 Haase, a. a. O., S. 150.
190 Christel Berger, Wer oder was ist ein Held? In: Neue Deutsche Literatur 31, H. 1 (1983), S. 117.
191 Haase, a. a. O., S. 147.
192 Haase, a. a. O., S. 148.
193 Ernst Nef, Zwischen Anpassung und Utopie. In: Schweizer Monatshefte 60, H. 6 (1980), S. 511.
194 Macht Sozialismus sinnlich?, a. a. O. (s. o. Anm. 2), S. 226.
195 Vgl. Shaw, a. a. O. (s. o. Anm. 159), S. 92.
196 Vgl. z. B. Martin Gregor-Dellin, Traurige Weise vom Glück. Ulrich Plenzdorfs Roman-Reprise von Paul und Paula. In: Frankfurter Allgemeine Zeitung, 13. 9. 1979; W. Martin Lüdke, Eine ‚Legende vom Glück ohne Ende'. Der erste Roman von Ulrich Plenzdorf. In: Frankfurter Rundschau, 20. 10. 1979; Albert von Schirnding, Dressierte Dompteure. Ulrich Plenzdorfs ‚Legende vom Glück ohne Ende'. In: Süddeutsche Zeitung, 27./28. 10. 1979.
197 Brenner, a. a. O. (s. o. Anm. 4), S. 53.
198 Macht Sozialismus sinnlich?, a. a. O., S. 227.
199 Hermann Kant, Von der Kraft einer Literatur, die für Frieden und Sozialismus eintritt (Rede auf dem IX. Schriftstellerkongreß der DDR). In: Neues Deutschland, 1. 6. 1983; vgl. ebenfalls Marlies Menge, Wer sich nicht selbst abschreibt ... Über das literarische Leben im anderen Staat – Ein Gespräch mit dem Stellvertreter des Ministers für Kultur in der DDR. In: Die Zeit (nordamerikan. Ausg.), 23. 5. 1980.
200 Kant, a. a. O.

IV. Auswahlbibliographie und Abkürzungsverzeichnis

1. Im Text zitierte Ausgaben (mit Abkürzung und Seitenzahl)

AM Der alte Mann, das Pferd, die Straße. Szenarium unter Mitarbeit von Martin Stade – 1974. Nach der Novelle ‚Vetters fröhliche Fuhren' von Martin Stade. In: Karla. Der alte Mann, das Pferd, die Straße. Texte zu Filmen. Frankfurt/Main 1980, S. 135–167.

GN Gutenachtgeschichte. In: Die Tageszeitung (Sonderausgabe), 11. 10. 1980, S. 48–50.

K Karla. Filmszenarium – 1964. Unter Mitarbeit von Hermann Zschoche (Regisseur). In: Karla. Der alte Mann, das Pferd, die Straße. Texte zu Filmen. Frankfurt/Main 1980, S. 5–133.

KR kein runter kein fern. In: Humbert Fink, Marcel Reich-Ranicki und Ernst Willner (Hrsg.), Klagenfurter Texte zum Ingeborg-Bachmann-Preis 1978. München 1978, S. 13–31.

LG Legende vom Glück ohne Ende. Frankfurt/Main 1979.

NL/U Die neuen Leiden des jungen W. (Urfassung). In: Peter J. Brenner (Hrsg.), Plenzdorfs ‚Neue Leiden des jungen W.' Frankfurt/Main 1982, S. 71–138.

NL/P Die neuen Leiden des jungen W. (erste Prosafassung). In: Sinn und Form 24, H. 2 (1972), S. 254–310.

NL/R Die neuen Leiden des jungen W. (Romanfassung). Frankfurt/Main 1973.

NL/S Die neuen Leiden des jungen W. Stück in zwei Teilen. In: Spectaculum 20. Frankfurt/Main 1974, S. 237–283.

PP Die Legende von Paul & Paula. Filmerzählung. Frankfurt/Main 1974.

2. Weitere Ausgaben der Werke Plenzdorfs:

Die neuen Leiden des jungen W. (Romanfassung).
 Rostock 1973.
 Frankfurt/Main 1976. (Taschenbuchausgabe).
Die Legende von Paul und Paula / Die neuen Leiden des jungen W.
 Ein Kino- und ein Bühnenstück.
 Berlin 1974.

Karla [Textauszug].
  In: Stefan Heym (Hrsg.), Auskunft. Neue Prosa aus der DDR.
  München 1974, S. 29–37.
  Ebenfalls: Reinbek bei Hamburg 1977, S. 22–29.
Karla. Der alte Mann, das Pferd, die Straße. Texte zu Filmen.
  Berlin 1978.
kein runter kein fern.
  In: Hans-Jürgen Schmitt (Hrsg.), Geschichten aus der DDR.
  Hamburg 1979, S. 70–86.
  In: Manfred Durzak (Hrsg.), Erzählte Zeit. 50 deutsche Kurzgeschichten der Gegenwart. Stuttgart 1980, S. 447–467.
Legende vom Glück ohne Ende.
  Rostock 1979.
  In: Romanzeitung (Berlin 1981).
  Frankfurt/Main 1981. (Taschenbuchausgabe).
Gutenachtgeschichte.
  Rostock 1983.
  Frankfurt/Main 1983 (Taschenbuchausgabe).

3. Sekundärliteratur (Auswahl):

Behn-Liebherz, Manfred, Ulrich Plenzdorf. In: Heinz Ludwig Arnold (Hrsg.), Kritisches Lexikon zur deutschsprachigen Gegenwartsliteratur. Bd. 3, o. O., o. J. (Mit Bibliographie).
Brenner, Peter J. (Hrsg.), Plenzdorfs ‚Neue Leiden des jungen W.'
  Frankfurt/Main 1982. (Einleitung: Texte zur Rezeption in der DDR von: M. Nössig, H. Schönemann, W. Girnus, R. Weimann, P. Biele, W. Neubert, G. Herzog, F. Plate, K.-H. Jakobs, L. Ehrlich, die zum großen Teil der ‚Diskussion um Plenzdorf' in ‚Sinn und Form' entstammen; Texte zur Rezeption im Westen von: J. Nawrocki, H. Karasek, K. Corino, D. E. Zimmer, M. Reich-Ranicki, F. Luft, W. Schütte, R. Michaelis, W. Werth, M. Schneider, H. Piontek, J. Kaiser, S. Moser, F. J. Raddatz, H. Reinoß, P. Zeindler, H. Rubinstein, P. Wapnewski; Bibliographie).
Corino, Karl, Gespräche mit DDR-Schriftstellern (Volker Braun, Ulrich Plenzdorf, Günter Kunert). In: Deutschland Archiv 7, H. 2 (1974), S. 165–173.
Cosentino, Christine. Bekehrter Held und Einzelgänger: Zu Fragen der DDR-Jugendproblematik bei Armin Stolper, Ulrich Plenzdorf und Reiner Kunze. In: Journal of English and Germanic Philology 77 (1978), S. 495–503.
Durzak, Manfred, Die deutsche Kurzgeschichte der Gegenwart. Autorenporträts, Werkstattgespräche, Interpretationen. Stuttgart 1980, S. 442–446. (Zu: ‚kein runter kein fern'.)

Durzak, Manfred, Jerome D. Salinger, Heinrich Böll und Ulrich Plenzdorf. Der Fänger im Roggen und seine deutschen Gefährten. In: Ders., Das Amerika-Bild in der deutschen Gegenwartsliteratur. Historische Voraussetzungen und aktuelle Beispiele. Stuttgart 1979, S. 145–171.

Emmerich, Wolfgang, Kleine Literaturgeschichte der DDR. Darmstadt und Neuwied 1981.

Fischbeck, Helmut, Ulrich Plenzdorf: ‚Die neuen Leiden des jungen W.' Zur Literaturproduktion und -rezeption in der DDR. In: Diskussion Deutsch 5 (1974), S. 338–358.

Flaker, Aleksandar, Modelle der Jeans-Prosa. Zur literarischen Opposition bei Plenzdorf im osteuropäischen Romankontext. Kronberg/Ts. 1975.

Großklaus, Götz, West-östliches Unbehagen. Literarische Gesellschaftskritik in Ulrich Plenzdorfs ‚Die neuen Leiden des jungen W.' und Peter Schneiders ‚Lenz'. In: Basis 5 (1975), S. 80–99.

Haase, Horst, Die Legende von Paul, Paula und Laura. In: Neue Deutsche Literatur, 28, H. 8 (1980), S. 144–150.

Hoegel, Juergen K., Language, Metaphor, and Strategy of Composition in Ulrich Plenzdorf's Novel ‚Die neuen Leiden des jungen W.' In: The University of Dayton Review 13, H. 2 (1978), S. 37–48.

Jäger, Manfred, Kultur und Politik in der DDR. Ein historischer Abriß. Köln 1982.

Jauß, Hans-Robert, Klassik – wieder modern? In: Der Deutschunterricht 30, H. 2 (1978), S. 35–51.

Jauß, Hans-Robert, Ästhetische Erfahrung als Verjüngung des Vergangenen (Klassik – wieder modern?). In: Jörg Zimmermann (Hrsg.), Sprache und Welterfahrung. München 1978, S. 301–328.

Kaschuge, Heidrun, Goethe – Plenzdorf, Die (neuen) Leiden des jungen (W.) Werthers. Vergleiche und Untersuchungen. 4., bearb. Aufl. Hollfeld 1981.

Kaufmann, Hans (Hrsg.), Tendenzen und Beispiele. Zur DDR-Literatur in den siebziger Jahren. Leipzig 1981.

Klunker, Heinz, Expeditionen in den Alltag. Nach Ulbricht: DDR-Filme einer DDR-Generation. In: Film in der DDR. Reihe Film 13. München 1977, S. 135–166.

Macht Sozialismus sinnlich? ‚Spiegel'-Interview mit DDR-Autor Ulrich Plenzdorf über DDR-Literatur. In: Der Spiegel, 12. 4. 1976, S. 224–227.

Nef, Ernst, Zwischen Anpassung und Utopie. In: Schweizer Monatshefte 60, H. 6 (1980), S. 509–511. (Zu: ‚Legende vom Glück ohne Ende'.)

Reis, Ilse H., Ulrich Plenzdorfs Gegen-Entwurf zu Goethes ‚Werther'. Bern 1977.

Resonanzen. In: Humbert Fink, Marcel Reich-Ranicki und Ernst Willner (Hrsg.), Klagenfurter Texte zum Ingeborg-Bachmann-Preis 1978, S. 251–304. (Zu: ‚kein runter kein fern'.)

Richter, Erika, ‚Die Legende von Paul und Paula'. In: Dies., Alltag und Geschichte in DEFA-Gegenwartsfilmen der siebziger Jahre. Berlin 1976. Bearbeiteter Nachdruck in: Institut für Gesellschaftswissenschaften beim ZK der SED (Hrsg.), Erkundung der Gegenwart. Künste in unserer Zeit. Berlin 1976, S. 118–140.

Riedel, Walter E., Some German Ripples of Holden Caulfield's 'Goddam Autobiography': On Translating and Adapting J. D. Salinger's 'Catcher in the Rye'. In: Canadian Review of Comparative Literature 7 (1980), S. 196–205.

Rüß, Gisela (Hrsg.), Dokumente zur Kunst-, Literatur- und Kulturpolitik der SED 1971–1974. Stuttgart 1976.

Rumler, Fritz, ‚Dem Menschen seinen Stolz lassen'. In: Der Spiegel, 14. 5. 1973, S. 166.

Schlenstedt, Dieter, Wirkungsästhetische Analysen. Poetologie und Prosa in der neueren DDR-Literatur. Berlin 1979.

Schmitt, Albert R., Ulrich Plenzdorfs ‚Die neuen Leiden des jungen W.' im Spiegel der Kritik. In: Karl S. Weimar (Hrsg.), Views and Reviews of Modern German Literature. Festschrift for Adolf D. Klarmann. München 1974, S. 257–276.

Shaw, Gisela, Ideal and Reality in the Works of Ulrich Plenzdorf. In: German Life and Letters 35, H. 1 (1981), S. 85–97.

Staadt, Jochen, Konfliktbewußtsein und sozialistischer Anspruch in der DDR-Literatur. Zur Darstellung gesellschaftlicher Widersprüche in Romanen nach dem VIII. Parteitag der SED 1971. Berlin 1977.

Stephan, Arndt und Inge, Werther und Werther-Rezeption – Ein Unterrichtsmodell zur Aufarbeitung bürgerlichen Selbstverständnisses. In: Bodo Lecke (Hrsg.), Projekt Deutschunterricht 9. Literatur der Klassik II – Lyrik/Epik/Ästhetik. Stuttgart 1975, S. 146–176.

Waiblinger, Franz Peter. Zitierte Kritik. Zu den Werther-Zitaten in Ulrich Plenzdorfs ‚Die neuen Leiden des jungen W.' In: Poetica 8 (1976), S. 71–88.

Weisbrod, Peter, Literarischer Wandel in der DDR. Untersuchungen zur Entwicklung der Erzählliteratur in den siebziger Jahren. Heidelberg 1980.

Winter, Ilse, A New Look at Male-Female Relationships: Plenzdorf's ‚Legende vom Glück ohne Ende' and Ehlers' ‚Hanna Mahler – Aufzeichnungen einer jungen Frau'. In: Margy Gerber (Hrsg.), Studies in GDR Culture and Society 2 (1982): Proceedings of the Seventh International Symposium on the German Democratic Republic. Washington, D. C. 1982, S. 231–241.

V. Zeittafel zu Leben und Werk

1934   Ulrich Plenzdorf wird am 26. Oktober 1934 als Sohn eines Arbeiters in Berlin-Kreuzberg geboren.
1954   Abitur.
1954/55 Studium des Marxismus-Leninismus am Franz-Mehring-Institut in Leipzig.
1955/58 Bühnenarbeiter.
1958/59 Militärdienst in der Nationalen Volksarmee.
1959/63 Studium an der Filmhochschule Babelsberg. Seit 1963 Szenarist und Filmdramaturg im DEFA-Studio Babelsberg.
1964   Drehbuch für den DEFA-Film ‚Mir nach, Canaillen!' (nach Motiven des Romans ‚Eine Sommerabenddreistigkeit' von Joachim Kupsch; Regie: Ralf Kirsten).
1965   Scharfe Angriffe des 11. Plenums des ZK der SED auf schädliche kulturelle Tendenzen: Der DEFA-Film ‚Karla' (Szenarium: Plenzdorf; Regie: Herrmann Zschoche) wird nicht zur Aufführung freigegeben.
1968/69 Entstehung der Urfassung von ‚Die neuen Leiden des jungen W.'
1969   Drehbuch für den DEFA-Film ‚Weite Straßen – stille Liebe' (nach Motiven einer Erzählung von Hans Georg Lietz; Regie: Herrmann Zschoche).
1970   Drehbuch für den 1971 uraufgeführten DEFA-Film ‚Kennen Sie Urban?' (Regie: Ingrid Reschke).
1971   Heinrich-Greif-Preis und Kunstpreis des FDGB für Film (beide im Kollektiv).
1972   Veröffentlichung der Prosafassung von ‚Die neuen Leiden des jungen W.' in der Zeitschrift ‚Sinn und Form'. Uraufführung der Stückefassung der ‚Neuen Leiden' am Landestheater Halle.
1972/73 Öffentliche Diskussion über ‚Die neuen Leiden des jungen W.'
1973   Veröffentlichung der Romanfassung der ‚Neuen Leiden'. Literarisches Drehbuch (mit Heiner Carow) für den nicht realisierten DEFA-Film ‚Die neuen Leiden des jungen W.' – Empfang des Heinrich-Mann-Preises, eines der begehrtesten Literaturpreise der DDR. – Erich Honecker und Kurt Hager kritisieren den nicht mit Namen genannten Plenzdorf auf dem

	9. ZK-Plenum der SED. – Drehbuch zu dem äußerst erfolgreichen DEFA-Film ‚Die Legende von Paul & Paula' (Regie: Heiner Carow).
1974	Veröffentlichung der Stückefassung von ‚Die neuen Leiden des jungen W.' Sendung der Hörspielfassung der ‚Neuen Leiden' in der BRD. Veröffentlichung der Filmerzählung ‚Die Legende von Paul & Paula'.
1975	‚Buridans Esel'. 46 Szenen nach dem gleichnamigen Roman von Günter de Bruyn in Leipzig uraufgeführt. Drehbuch zum BRD-Film ‚Die neuen Leiden des jungen W.' (Regie: Eberhard Itzenplitz). – Plenzdorf erklärt sich mit den zwölf Erstunterzeichnern des gegen die Ausbürgerung Wolf Biermanns protestierenden Briefes solidarisch.
1978	Veröffentlichung von ‚Karla' und ‚Der alte Mann, das Pferd, die Straße' (nach der Novelle ‚Vetters fröhliche Fuhren' von Martin Stade), Texte zu Filmen. – Verleihung des Ingeborg-Bachmann-Preises für die Erzählung ‚kein runter kein fern'; Erstveröffentlichung der Erzählung in den ‚Klagenfurter Texten'.
1979	Erstveröffentlichung der ‚Legende vom Glück ohne Ende'.
1980	Erstveröffentlichung der ‚Gutenachtgeschichte'. Drehbücher zu dem DEFA-Film ‚Glück im Hinterhaus' (nach dem Roman ‚Buridans Esel' von Günter de Bruyn; Regie Herrmann Zschoche) und dem BRD-Film ‚Der König und sein Narr' (nach dem gleichnamigen Roman von Martin Stade; Regie: Frank Beyer).
1982	Unterstützung der alternativen Friedensbewegung in der DDR. – Veröffentlichung der Urfassung von ‚Die neuen Leiden des jungen W.'
1983	Disput mit dem DDR-Schriftsteller Benito Wogatzki auf dem 2. Berliner Schriftstellertreffen in der Westberliner Akademie der Künste über das Verschweigen der Jenenser Friedensbewegung in der DDR-Presse. – Drehbuch zum DEFA-Film ‚Insel der Schwäne' (nach dem gleichnamigen Jugendbuch von Benno Pludra; Regie: Herrmann Zschoche), der in einer verkürzten Fassung freigegeben wird.

edition text + kritik

Verlag edition text + kritik GmbH
Levelingstr. 6a · 8000 München 80

beyond brecht
Über Brecht hinaus

*The Brecht Yearbook,
Volume 11, 1982*

*edited by John Fuegi,
Gisela Bahr, and John Willett*

associate editor: Uwe Hartung

Brecht Jahrbuch

Herausgegeben von
John Fuegi, Gisela Bahr
und John Willett

**Band 11 / 1982
Über Brecht hinaus**

260 Seiten, DM 58,--

Aus dem Inhalt:

John Willet
Brecht for the media, 1981

Erwin Leiser
Notizen eins Filmemachers
über Brecht und Film

Joel Schechter
Beyond Brecht: New Authors,
New Spectators

Vittorio Felaco
New Teeth for an Old Shark

Rustom Bharucha
Beyond Brecht: Political
Theatre in Calcutta

Christakis Georghiou
A Letter From Cyprus

Heinz-Uwe Haus
Theaterspiel als Vorgriff und
Aneignung von Lebenspraxis

Hans-Dieter Zimmermann
Fünf Thesen zu den späten
Stücken Bertolt Brechts

Kasimierz Braun
Modern Acting Theory and
Practice

Luigi Squarzina
Brecht and Breughel

David Pike
Brecht and Stalin's Russia

Patty Lee Parmalee
Brecht's Americanism and
His Politics

James K. Lyon
The FBI as Literary Historian:
The File of Bertolt Brecht

Das Brecht Jahrbuch ist der Ort, an dem sich die Ergebnisse der Brecht-Forschung spiegeln und konzentrieren, Werk und Wirkung Bertolt Brechts werden hier kontinuierlich untersucht und beobachtet – das Jahrbuch ist auch eine Spur der Wirkung selbst.

Das Brecht Jahrbuch ist ein internationales Kompendium der Brecht-Forschung. Jedem seiner Aufsätze wird eine dreisprachig gefaßte Kurzfassung vorangestellt. Neben seinen umfangreichen Aufsätzen enthält es kritische Kommentare zur neuesten Brecht-Literatur.

Deutsche Schriftsteller im Porträt

Band 1: Das Zeitalter des Barock
Herausgegeben von Martin Bircher. 1979. 194 Seiten mit
88 Abbildungen (Beck'sche Schwarze Reihe, Band 200)

Band 2: Das Zeitalter der Aufklärung
Herausgegeben von Jürgen Stenzel. 1980. 203 Seiten mit
90 Abbildungen (Beck'sche Schwarze Reihe, Band 220)

Band 3: Sturm und Drang, Klassik, Romantik
Herausgegeben von Jörn Göres. 1980. 287 Seiten mit
132 Abbildungen (Beck'sche Schwarze Reihe, Band 214)

Band 4: Das 19. Jahrhundert
Restaurationsepoche · Realismus · Gründerzeit. Herausgegeben
von Hiltrud Häntzschel. 1981. 200 Seiten mit 89 Abbildungen
(Beck'sche Schwarze Reihe, Band 230)

Band 5: Jahrhundertwende
Herausgegeben von Hans-Otto Hügel. 1982. 207 Seiten mit
89 Abbildungen (Beck'sche Schwarze Reihe, Band 265)

Im Herbst 1984 erscheint:

Band 6: Expressionismus und Weimarer Republik
Herausgegeben von Karl-Heinz Habersetzer. Etwa 200 Seiten mit
etwa 90 Abbildungen (Beck'sche Schwarze Reihe, Band 292)

„... Ergänzt werden die bildlichen Zeugnisse durch kurze monographische Aufsätze, die Angaben über Herkunft, Lebensweg und Hauptwerke der Schriftsteller enthalten, manchmal sogar noch eine literaturwissenschaftliche Einschätzung hinzufügen. Kleine essayistische Meisterstücke auf knappstem Raum sind darunter ... Beispiele für die große Kunst des Bedeutens und mit wenig Worten viel zu sagen ... So ist nicht nur ein zuverlässiges Handbuch entstanden, sondern auch ein kulturhistorisches Bilderbuch, ein Wegweiser zur Entdeckung einer Literaturtradition, so reich an Spektakulärem, Verschrobenem, Verstiegenem, an Galantem, Abenteuerlichem, Humorvollem, daß man sich wundert, wie ein Lesepublikum solche Schätze allein seinen beamteten Philologen überlassen kann."
Gert Ueding in der Frankfurter Allgemeinen über Band 1

Verlag C. H. Beck München